Plutarque

Le démon de Socrate

Traduit et annoté par Ricard

suivi de

Apulée
Le démon de Socrate

Traduit et annoté
par l'abbé Compain de Saint-Martin

PLUTARQUE
LE DÉMON DE SOCRATE

AVANT-PROPOS DU TRADUCTEUR

Ce traité semble promettre des recherches sur ce que Socrate appelait son démon ou son esprit familier. Mais cette matière n'occupe que la plus petite partie de cet ouvrage, dont le véritable sujet est le récit que Caphisias de Thèbes, frère d'Épaminondas, fait à l'Athénien Archidamus de la conspiration qui avait facilité à Pélopidas et aux autres bannis de Thèbes leur retour dans leur patrie, la défaite des tyrans que les Lacédémoniens y avaient établis, et de la garnison qu'ils avaient mise dans la citadelle, après s'en être emparés par surprise. Comme Archidamus était instruit d'une partie des événements qui avaient précédé l'exécution de cette entreprise, Caphisias commence sa narration au moment où les Thébains qui favorisaient le parti des exilés apprennent que ceux-ci sont aux portes de la ville, et qu'ils se disposent à y entrer secrètement aux approches de la nuit. Mais, au lieu d'un récit purement historique, Plutarque a fait une espèce de drame plein d'intérêt, où les acteurs paraissent successivement sur la scène, et, à travers plusieurs incidents, conduisent l'action à son dénouement. Cette manière de présenter les faits est bien plus animée, plus intéressante ; elle attache bien davantage le lecteur, qui croit moins entendre un récit qu'assister à un événement dont il voit toutes les circonstances se développer à ses yeux. L'action est semée de plusieurs épisodes qui y jettent de la variété et de l'intérêt. La première est la découverte qu'on venait de faire depuis peu en Béotie du tombeau d'Alcmène, sur lequel était une inscription en caractères étrangers, dont on avait envoyé demander l'explication en Égypte. La discussion qui regarde le démon de Socrate n'y est placée aussi que comme un épisode que le hasard semble amener. On n'est conduit à en parler que par la mention honorable qu'un des interlocuteurs du dialogue fait de Socrate ; et la question, à peine ébauchée, est aussitôt interrompue par l'arrivée d'Épaminondas, qui présente à l'assemblée un philosophe pythagoricien nommé Théanor, et nouvellement arrivé d'Italie pour rendre les derniers honneurs à un autre philosophe de la même secte mort depuis peu à Thèbes. C'est un troisième épisode, qui donne lieu à une contestation bien intéressante entre Théanor et Épaminondas, dans laquelle ce généreux Thébain déploie toute la grandeur de son caractère, et, en refusant les bienfaits de Théanor, montre un mépris absolu pour les richesses et pour les plaisirs, auxquels il préfère une pauvreté vertueuse et honorable. Après le récit de quelques incidents qui avaient jeté les conjurés dans les plus vives alarmes, on reprend la question du génie de Socrate, sur la nature duquel chacun expose son opinion. Les uns le regardent comme la pénétration même de son esprit, fruit de sa grande sagesse et de son expérience, qui lui faisaient prévoir avec beaucoup de justesse et de sagacité ce qu'il devait faire ou éviter dans les situations différentes où il se trouvait placé ; les autres croient qu'il avait réellement auprès de lui un génie, un de ces esprits que les anciens représentaient comme des êtres intermédiaires entre les dieux et les hommes ; que ce génie, toujours attaché aux pas de Socrate, l'avertissait de tout ce qui pouvait lui être contraire, et le retenait lorsqu'il était sur le point de faire quelque démarche qui aurait pu lui nuire ; d'autres enfin pensent que ce génie n'était autre chose que la communication même de la Divinité, qui produisait dans l'âme de Socrate une vive impression de sa pensée, et la lui rendait si présente que ce philosophe en avait, pour ainsi dire, une vue sensible, qui l'éclairait dans toute sa conduite. Les auteurs de cette opinion s'attachent à prouver la possibilité de cette communication, qui, au reste, ne produit, selon eux, tout son effet que dans les âmes qui, calmes et tranquilles comme celle de Socrate, ne sont pas détournées par le tumulte des passions, d'entendre les inspirations secrètes de cette voix intérieure. Cet épisode est suivi d'un autre qui en est comme la suite, et dans lequel on raconte la vision extraordinaire qu'un jeune homme d'Athènes, nommé Timarque, eut dans l'antre de Trophonius, où il était descendu pour consulter le dieu sur le génie de Socrate. Cette vision, assez semblable, pour le fonds, à celle que nous avons vue dans le traité sur les délais de la justice divine, a pour objet de faire connaître les vicissitudes et les révolutions que les âmes éprouvent dans l'autre vie, et le sort différent auquel elles sont destinées. On y retrouve les principes de Pythagore et son système sur la métempsychose. Mais d'ailleurs, elle ne nous apprend rien sur la nature du génie de Socrate, dont il paraît que le dieu n'avait rien fait connaître à ce jeune Athénien. Elle amène de nouvelles réflexions sur le commerce que les dieux et les génies ont avec les hommes ; et Caphisias, reprenant enfin sa narration, raconte l'entrée des bannis dans la ville, leur réunion avec les autres conjurés, et la manière dont ils conduisirent leur entreprise à une fin heureuse, en massacrant les tyrans et rendant la liberté à leur patrie.

RICARD

ARCHIDAMUS

Je me souviens, Caphisias, d'une comparaison assez agréable qu'un peintre faisait sur les personnes qui venaient voir ses tableaux. Il disait que les ignorants qui n'avaient aucune teinture de son art ressemblaient à un homme qui salue à la fois toute une assemblée, et que ceux qui se connaissaient en peinture étaient semblables à celui qui salue chaque personne par son nom. Les premiers, au lieu d'examiner avec soin les ouvrages, n'en prennent qu'une idée superficielle ; les autres, parcourant le tableau dans tous ses détails, en considèrent avec réflexion toutes les parties, et ne laissent échapper aucune de ses beautés ni aucun de ses défauts. De même, dans l'histoire de faits réels, les esprits lents et paresseux se contentent, je crois, de savoir en gros comment la chose s'est passée. Au contraire, les hommes qui sont épris de l'amour du beau et de l'honnête aiment à contempler les ouvrages de la vertu, comme les productions d'un art admirable, et prennent plaisir à tout voir en détail. Ils savent que les événements dépendent beaucoup de la fortune ; mais que celui qui en approfondit les causes reconnaît les luttes et les combats vigoureux de la vertu contre la fortune, son courage dans les périls, où la raison est tout à la fois excitée par les circonstances extérieures et par ses propres affections. Considérez-nous comme des spectateurs de cette dernière espèce, et racontez-nous, dès l'origine, tout ce qui a été dit et fait dans cette occasion, car vous devez avoir été témoin de tout. Pour moi, je ne balancerais pas d'aller jusqu'à Thèbes pour en entendre le récit, si je ne savais que les Athéniens me reprochent déjà de trop favoriser les Béotiens.

CAPHISIAS

Puisque vous désirez si fort, Archidamus, de savoir tous les détails de cette entreprise, j'aurais dû suspendre en votre faveur toute autre affaire, comme dit Pindare, et venir exprès ici[1] pour vous en instruire. Mais aujourd'hui que mon ambassade m'y a conduit, et qu'en attendant la réponse du peuple, nous avons assez de loisir, je ne pourrais me refuser à la demande d'un homme aussi affectionné pour ses amis que vous l'êtes, Archidamus, sans m'exposer à faire revivre

---

[1] Caphisias avait été envoyé en députation à Athènes, où le dialogue a lieu.

l'ancien reproche qu'on fait aux Béotiens, qu'ils n'aiment pas les conversations intéressantes ; reproche, au reste, qui commençait à s'affaiblir dans l'esprit de votre Socrate. Pour nous, après avoir fait la visite des temples, nous nous sommes empressés de venir vous rejoindre. Sachez donc si tous ceux qui sont ici ont le loisir d'entendre un récit aussi long et qui prendra bien du temps, puisque vous voulez même être instruit des discours qu'on a tenus.

ARCHIDAMUS

Ces personnes ne sont pas connues de vous, Caphisias, mais elles méritent bien de l'être. Ils sont nés des pères les plus vertueux, et qui nous étaient tendrement attachés. L'un est Lysithide, neveu de Thrasybule, et l'autre Timothée, fils de Conon. Ceux-ci sont les fils d'Archinus[2] ; les autres sont tous de notre société. Ainsi vous ne sauriez avoir un auditoire plus favorable et mieux disposé à vous entendre.

CAPHISIAS

J'en suis fort aise, Archidamus ; mais par où commencerai-je ma narration, afin de ne pas vous parler de ce que vous savez déjà ?

ARCHIDAMUS

Nous savons à peu près, Caphisias, en quel état se trouvait la ville de Thèbes avant le retour des bannis[3] ; comment Archias et Léontide[4] persuadèrent à Phébidas de s'emparer, en pleine paix, de la citadelle[5], chassèrent une partie des citoyens, continrent les autres par la crainte, et gouvernèrent avec autant d'injustice que de violence. Nous avons appris tous ces faits de Melon et de Pélopidas, à qui, comme vous savez, j'ai donné l'hospitalité, et qui ont vécu habituellement avec nous pendant tout le temps de leur exil. Nous savons aussi que les Lacédémoniens condamnèrent Phébidas à une amende pour s'être emparé de la Cadmée ; qu'ils lui ôtèrent le commandement de l'expédition d'Olynthe[6], et envoyèrent à Thèbes Lysanoridas avec deux autres généraux, et une plus forte garnison pour se

---

[2] Il est question de Thrasybule et d'Archinus dans le traité sur *La gloire des Athéniens*.
[3] Plutarque, dans la *Vie de Pélopidas*, rapporte l'entreprise des Lacédémoniens sur la citadelle de Thèbes et l'exil de plusieurs citoyens qui s'étaient retirés à Athènes.
[4] Voyez, sur ces deux personnages, la *Vie de Pélopidas*.
[5] Mot à mot : la Cadmée. C'était le nom de la citadelle de Thèbes, et même de la ville, ainsi appelée de Cadmus, son fondateur.
[6] Ville de Thrace dans le voisinage de l'Attique.

8

maintenir dans la citadelle[7]. Nous n'ignorons pas non plus la mort injuste qu'on fit souffrir à Isménias[8] après je ne sais quel procès fait à la hâte. Gorgidas avait soin d'écrire ici aux exilés tout ce qui se passait à Thèbes. Il ne vous reste donc qu'à nous raconter le retour des bannis et la défaite des tyrans.

CAPHISIAS

Pendant tous ces jours-là, Archidamus, nous tous qui étions dans le secret de la conspiration, nous avions coutume de nous assembler chez Simmias, qui gardait sa chambre à cause d'une blessure qu'il avait reçue à la cuisse, et nous y conférions secrètement sur les moyens de l'exécution, tandis que nos entretiens ne paraissaient rouler que sur la littérature et la philosophie; souvent même, pour éloigner tout soupçon, nous y attirions Archias et Léontide, à qui les matières que nous traitions n'étaient pas tout à fait étrangères. Simmias, qui avait voyagé longtemps dans des pays éloignés, et qui n'était que depuis peu de retour à Thèbes, nous racontait, sur les nations barbares qu'il avait vues, les histoires les plus singulières. Archias donc, lorsqu'il en avait le loisir, venait l'entendre volontiers, et s'y trouvait avec nous autres jeunes gens, qu'il était bien aise de voir s'appliquer à l'étude, plutôt que d'observer sa conduite.

Le jour que les exilés devaient, à l'entrée de la nuit, s'approcher des murailles, il vint, de la part de Phérénicus, un exprès qui n'était connu que de Charon. Il nous dit que les plus jeunes des conjurés, au nombre de douze, chassaient avec leurs chiens sur le mont Cithéron, d'où ils se rendraient à Thèbes sur le soir; qu'ils l'avaient envoyé d'avance pour les en prévenir et pour savoir quelle maison on leur avait assignée, afin qu'ils puissent s'y cacher aussitôt qu'ils entreraient dans la ville.

Comme chacun hésitait sans pouvoir se décider, Charon offrit la sienne, et l'exprès alla sur-le-champ retrouver les bannis. Alors, le devin Théocrite, me serrant la main avec force, me dit en regardant Charon qui marchait devant nous:

«—Caphisias, cet homme n'est point philosophe; il n'a pas reçu, comme votre frère Épaminondas, l'éducation la plus distinguée[9]; cependant, vous le voyez,

---

[7] Quelle inconséquence dans la conduite des Lacédémoniens! Ils punissent Phébidas pour s'être emparé par surprise, et contre la foi des traités, de la citadelle de Thèbes, et ils ne rougissent pas de se rendre complices de cette injustice ou même de la consommer, en y envoyant une garnison plus nombreuse, pour s'en assurer la possession.

[8] Isménias était un des premiers magistrats de Thèbes lors de l'expédition de Phébidas. Léontide, qui était le chef de la faction opposée, le fit jeter aussitôt dans les fers, et, après un procès fait à la hâte, on l'exécuta sur le champ.

[9] Épaminondas avait été instruit dans la philosophie pythagoricienne, et il montra toujours

conduit à l'honneur par la nature et par les lois, il s'expose volontairement pour sa patrie au plus grand danger. Au contraire, Épaminondas, plus formé à la vertu qu'aucun autre Thébain, est sans force et sans vigueur pour une entreprise aussi importante. Et pour quelle meilleure occasion réserve-t-il les avantages qu'il doit à son éducation et les talents qu'il a reçus de la nature ?

« — Brave Théocrite, lui répondis-je, nous exécutons ce que nous avons arrêté entre nous. Mais Épaminondas, qui n'a pu nous dissuader de cette entreprise, ne prend avec raison aucune part à une action qu'on l'invite à seconder contre son sentiment. Quand un médecin s'offre de guérir une maladie sans employer le fer ni le feu, il serait injuste de le forcer à faire des incisions ou à appliquer des cautères.

« — Comment ! reprit Théocrite, Épaminondas n'approuvait pas la conspiration ?

« — Il ne voulait pas, lui dis-je, qu'on fit mourir des citoyens sans aucune forme de procès ; mais si l'on avait voulu mettre Thèbes en liberté sans faire couler le sang, sans causer aucun meurtre, il aurait favorisé l'entreprise de tout son pouvoir. Puisqu'il ne peut persuader le plus grand nombre des conjurés, et qu'il nous voit poursuivre sans relâche notre dessein, il veut du moins qu'on lui permette de ne pas se souiller du sang de ses concitoyens, et de se conserver sans reproche pour les occasions où la justice sera d'accord avec l'utilité publique. Il pense que l'exécution de cette entreprise ne se renfermera pas dans de justes bornes ; que Phérénicus et Pélopidas n'attaqueront que les citoyens pervers qui sont les auteurs de nos maux ; mais qu'un Eumolpidas, un Samiadas, hommes violents et emportés, profitant de la licence nocturne, ne quitteront leurs épées qu'après avoir rempli la ville de carnage et avoir fait périr un grand nombre des principaux citoyens. »

Pendant que je m'entretenais ainsi avec Théocrite, Anaxidore, qui se trouvait auprès de nous et qui nous avait entendu, nous avertit de cesser, qu'il voyait Archias et Lysanoridas le Spartiate qui venaient de la citadelle, et marchaient droit à nous d'un pas précipité. Nous nous arrêtâmes. Archias appela Théocrite ; et le tirant à part du côté de Lysanoridas, il l'entretint fort longtemps, et l'éloigna peu à peu du chemin pour le conduire au-dessous du temple d'Amphion. Cette longue conversation nous donna les plus vives alarmes, et nous fit craindre qu'il n'eût quelque soupçon ou quelque indice d'après lequel il interrogeât Théocrite. Dans le même temps, Phyllidas, qui est connu de vous, Archidamus, et qui alors

---

le plus grand goût pour les lettres ; tandis que Pélopidas, son compagnon et son ami, faisait sa principale occupation des exercices du corps.

était greffier du polémarque Archias, vint nous joindre. Il était dans le secret de la conjuration, et me prenant par la main, selon sa coutume, il me railla tout haut sur le gymnase et sur la lutte. Après quoi, me tirant à l'écart, il me demanda si les bannis viendraient ce jour-là, comme ils s'y étaient engagés. Sur ma réponse affirmative, il me dit :

« — J'ai donc bien fait de préparer pour aujourd'hui le repas que je dois donner à Archias, dans lequel je compte le livrer aux conjurés, plein de vin et de débauche.

« — C'est très bien, lui dis-je, mon cher Phyllidas ; faites en sorte de réunir tous nos ennemis, ou du moins le plus grand nombre, dans un même lieu.

« — C'est une chose très difficile ou plutôt impossible, me répondit-il. Archias, qui compte qu'une femme d'un rang distingué viendra l'y trouver, ne veut pas que Léontide y soit ; en sorte que nous sommes forcés de les placer dans des maisons séparées. Mais une fois que nous serons venus à bout d'Archias et de Léontide, je crois que les autres prendront bientôt la fuite ou qu'ils se tiendront tranquilles chez eux, s'estimant heureux qu'on les y laisse en sûreté.

« — Nous agirons en conséquence, lui dis-je ; mais quelle affaire ont-ils avec Théocrite, qu'ils lui parlent si longtemps ?

« — e n'en sais trop rien, me répondit Phyllidas ; mais j'ai entendu dire qu'il y avait des signes et des présages sinistres sur la ville de Sparte. »

Dans ce moment Phidolaüs d'Haliarte vint nous rejoindre, et nous dit :

« — Simmias vous prie de l'attendre un instant ici. Il emploie le crédit de Léontide pour obtenir que la peine de mort prononcée contre Amphithéus soit commuée en celle de l'exil.

« — Vous venez bien à propos, lui dit Théocrite, et comme de dessein prémédité ; car je voulais savoir de vous ce qu'on trouva dans le tombeau d'Alcmène, lorsqu'on l'ouvrit à Haliarte, et quelle forme il avait. Je voulais encore vous demander si vous étiez en Béotie lorsqu'Agésilas y envoya pour faire transporter à Lacédémone les restes d'Alcmène[10].

« — J'étais alors absent, lui répondit Phidolaüs, et à mon retour, je me plaignis vivement à mes concitoyens de cet enlèvement. Mais ils n'eurent aucun égard à mes plaintes, et ils m'abandonnèrent. On trouva dans ce tombeau, avec les ossements, un collier d'airain d'une grandeur médiocre, et deux amphores remplies de terre, qui, par la longueur du temps, s'étaient pétrifiées. Sur le tombeau était

---

[10] Plutarque ne parle point de ce fait dans la Vie d'Agésilas ; mais, sur la fin de celle de Romulus, il rapporte, comme une tradition reçue, que lorsqu'on portait Alcmène au tombeau, son corps disparut du cercueil, et on n'y trouva qu'une pierre.

une table d'airain chargée de caractères d'une grande beauté, mais fort anciens, et qu'il fut impossible de lire, quoi qu'ils parussent très distinctement lorsqu'on eut lavé l'airain. La forme en était fort singulière, et très ressemblante à celle des lettres égyptiennes. Agésilas en envoya une copie au roi d'Égypte, en le priant de les montrer à ses prêtres, pour voir s'ils pourraient les comprendre. Mais peut-être que Simmias vous en apprendra davantage, lui qui, dans ce temps-là, eut de fréquents entretiens sur la philosophie avec les prêtres d'Égypte. Ceux d'Haliarte regardent la grande stérilité qu'ils éprouvèrent et le débordement de leur lac, non comme un effet du hasard, mais comme une punition de ce qu'ils avaient souffert qu'on violât ce tombeau. »

Après un moment de silence, Théocrite nous dit :

« — Il semble que les dieux veuillent étendre aussi leur vengeance sur les Lacédémoniens, et qu'ils l'annoncent déjà par ces prodiges, dont Lysanoridas nous entretenait tout à l'heure. Il va partir pour Haliarte, dans le dessein de fermer le tombeau, et de faire, selon l'ordre de l'oracle, des expiations pour Alcmène et pour Aléus, quoiqu'on ignore quel est cet Aléus. Il doit, au retour, chercher la sépulture de Dircé[11], qui est inconnue à tous les Thébains, excepté à ceux qui ont été maîtres de la cavalerie. Celui qui sort de charge va seul la nuit avec son successeur dans un lieu secret, où ils font des sacrifices sans feu, dont ils effacent jusqu'à la moindre trace, avant que le jour paraisse. Après quoi, ils se retirent chacun de son côté. Mais, je crois, Philodaüs, qu'il aura de la peine à trouver ce tombeau. Ceux qui ont été légitimement promus à la charge de maîtres de la cavalerie sont, pour la plupart, ou, pour mieux dire, tous en exil, excepté Gorgidas et Platon, à qui sûrement ils ne s'adresseront pas, parce qu'ils les craignent. Ceux qui gouvernent aujourd'hui prennent bien la lance et l'anneau dans la Cadmée, mais ils ne savent pas pourquoi ils le font, et ils ne peuvent en rien dire. »

Théocrite parlait encore, lorsque Léontide sortit avec ses amis, et nous entrâmes chez Simmias, que nous trouvâmes sur son lit triste et pensif, apparemment parce qu'il n'avait pas obtenu ce qu'il voulait.

« — Grand Dieu ! s'écria-t-il, en nous regardant tous, quelles mœurs sauvages et barbares ! Que Thalès l'ancien avait bien raison, lorsqu'au retour d'un long

---

[11] Dircé était femme de Lycus, roi de Thèbes. Elle conçut une jalousie violente contre Antiope, et obligea son mari de la lui livrer ; elle l'enferma dans une étroite prison, où elle lui fit souffrir les plus cruels tourments. Antiope parvint à s'échapper, et se fit reconnaître à ses fils, qui vinrent à la tête d'une armée s'emparer de Thèbes, et attachèrent Dircé à la queue d'un taureau indompté. Mais Bacchus, qu'elle avait toujours fort honoré, la changea en une fontaine qui portait son nom, et qui coulait auprès de Thèbes. Je n'ai rien trouvé de relatif à son tombeau, ni à la cérémonie dont Plutarque va parler.

voyage, ses amis lui ayant demandé ce qu'il avait vu de plus extraordinaire, il leur répondit: "Un homme qui eût vieilli dans la tyrannie!" Car ceux mêmes qui n'ont reçu aucune injure personnelle, supportent impatiemment d'avoir à traiter avec des tyrans durs et fâcheux, et sont naturellement ennemis de cette puissance injuste qui ne connaît aucun frein. Mais Dieu peut-être y pourvoira. Caphisias, me dit-il ensuite, savez-vous quel est l'étranger qui est venu ici depuis peu?

« — Je ne sais, lui répondis-je, de qui vous parlez.

« — Léontide, reprit-il, dit qu'on a vu, sur la fin de la nuit, un homme se lever d'auprès du tombeau de Lysis[12]. Il est accompagné d'une suite nombreuse et brillante qui a passé la nuit sur des lits d'osier et de bruyère, qu'on y a vus le matin avec des restes de sacrifices et des libations de lait. Il a demandé aux personnes qu'il a rencontrées, s'il trouverait à Thèbes les enfants de Polymnis[13].

« — Quel pourrait être, lui dis-je, cet étranger? Par ce que vous en dites, il paraît que ce n'est pas un homme du commun.

« — Non, assurément, dit alors Philodaüs; et quand il viendra, nous le recevrons bien volontiers. Maintenant, Simmias, si vous savez quelque chose de plus sur l'inscription dont nous étions tout à l'heure en peine, faites-nous le plaisir de nous l'apprendre. On assure que les prêtres d'Égypte entendent les caractères gravés sur la table de cuivre qui couvrait le tombeau d'Alcmène, et qu'Agésilas fit enlever, lorsqu'on détruisit ce monument.

« — Je n'ai point vu cette table, Philodaüs, dit alors Simmias, qui se rappela sur-le-champ de quoi il s'agissait; mais le Spartiate Agétoridas vint à Memphis chargé de plusieurs lettres pour le prophète Chonuphis, avec lequel nous avions des conférences philosophiques, Platon, Ellopion de Péparèthe, et moi[14]. Agésilas l'avait envoyé en Égypte pour savoir du prophète s'il comprenait quelque chose à ces caractères, et au cas qu'il les entendît, pour lui en rapporter l'explication. Chonuphis passa trois jours entiers à examiner toutes sortes de caractères anciens; après quoi, il écrivit au roi de Sparte (ce qu'il nous dit aussi de vive voix), que cette inscription signifiait que les Grecs devaient honorer les Muses; que la forme des caractères était celle dont on usait sous Protée, roi d'Égypte;

---

[12] Lysis de Tarente fut, dans sa jeunesse, disciple de Pythagore, qui était déjà vieux, et, dans la suite, il instruisit Épaminondas. Il composa plusieurs ouvrages sur la philosophie pythagoricienne, et quelques auteurs lui ont même attribué les vers d'or de Pythagore.

[13] Polymnis était le père de Caphisias et d'Épaminondas, et il avait eu chez lui Lysis.

[14] On sait que les Grecs allaient anciennement en Égypte pour s'y instruire des mystères et de la philosophie des Égyptiens. Ellopion paraît avoir été un disciple de Socrate. Péparèthe était une des îles Cyclades.

qu'Hercule, fils d'Amphitryon, avait appris à les lire[15], que le dieu conseillait aux Grecs, de poser les armes, de vivre en paix, et de célébrer des jeux à l'honneur des Muses, en s'occupant de la philosophie, et ne disputant plus que pour la raison et la justice.

« Nous jugeâmes dès lors que Chonuphis disait vrai ; et nous en fûmes encore plus convaincus lorsque, côtoyant la Carie à notre retour d'Égypte, nous rencontrâmes des Déliens qui demandèrent à Platon, qu'ils savaient être très versé dans la géométrie, de leur expliquer un oracle fort extraordinaire qu'Apollon leur avait donné, et par lequel il promettait aux Déliens et aux autres Grecs la fin des maux dont ils étaient affligés, quand ils auraient doublé l'autel qu'il avait à Délos. Ils n'avaient pas compris le sens de cet oracle ; et dans leur procédé pour l'exécuter, ils se firent moquer d'eux. Ils ne virent pas qu'en doublant chacun des côtés, ils faisaient un solide huit fois plus grand que le premier, parce qu'ils ignoraient sur quelle proportion est fondée la duplication du cube. Dans leur embarras, ils eurent recours à Platon, qui, se ressouvenant de l'Égyptien Chonuphis, leur dit que le dieu se moquait des Grecs qui négligeaient de s'instruire ; qu'il leur reprochait leur ignorance, et leur ordonnait de s'appliquer sérieusement à la géométrie. Car c'est une opération difficile, et qui demande beaucoup de sagacité, que de trouver deux lignes moyennes proportionnelles, seul moyen de doubler un cube, en augmentant également toutes ses dimensions ; qu'Eudoxe de Cnide, ou Hélicon de Cyzique[16] leur feraient cette opération, mais qu'ils ne devaient pas croire que ce fût là ce que le dieu demandait ; qu'il ordonnait seulement à tous les Grecs de mettre fin à leurs guerres, et aux maux qui en étaient la suite, de se familiariser avec les Muses, d'adoucir leurs passions par la culture des sciences et des lettres, et de vivre ensemble sans se nuire, ou même en se rendant des services réciproques. »

Simmias parlait encore, lorsque Polymnis, mon père, entra et s'assit auprès de lui :

« —Épaminondas, lui dit-il, vous prie, vous et tous ceux qui sont ici, de l'attendre un moment, si vous n'avez pas d'affaire plus pressée. Il veut vous présenter un homme très recommandable par lui-même, et qui est conduit à Thèbes par le motif le plus honnête et le plus louable. Il est d'Italie, et sectateur de Pythagore.

---

[15] Protée vivait du temps de la guerre de Troie. Après la prise de Troie, Ménélas alla en Égypte, où Protée lui rendit Hélène et tous ses trésors. Au reste, il n'est pas étonnant que les caractères trouvés sur ce tombeau fussent Égyptiens, puisque Hérodote dit qu'Amphitryon et Alcmène étaient Égyptiens.

[16] Eudoxe, philosophe platonicien et grand géomètre. Hélicon, disciple de Platon, prédit une éclipse de soleil à Denys le Tyran, qui lui donna un talent pour récompense.

C'est d'après des songes et des visions frappantes, qu'il vient faire des libations au tombeau de Lysis. Il apporte avec lui de grandes sommes d'argent, parce qu'il se croit obligé de payer à Épaminondas ce qu'il a dépensé pour entretenir Lysis dans sa vieillesse ; et quoique nous ne lui demandions rien, que nous refusions même ses présents, il veut absolument remédier à notre pauvreté.

« — Vous nous parlez là, lui dit Simmias avec joie, d'un homme admirable, et qui fait honneur à la philosophie. Mais qui empêche qu'il ne vienne sur-le-champ ?

« — Comme il a passé la nuit auprès du tombeau de Lysis, lui répondit mon père, je crois qu'Épaminondas l'a conduit à la rivière d'Isménus[17], après quoi ils viendront nous joindre. Avant que de nous voir, il a couché auprès du sépulcre de Lysis, parce qu'il est venu dans le dessein d'emporter en Italie les restes du corps de ce philosophe, à moins que quelque génie ne l'en ait détourné pendant la nuit. »

Dès que mon père eut fini, Galaxidore prit la parole :

« — Grand Dieu ! s'écria-t-il, qu'il est difficile de trouver un homme tout à fait exempt de vanité et de superstition ! Les uns, entraînés comme malgré eux par ces passions, sont dupes de leur ignorance ou de leur faiblesse ; les autres, pour paraître des hommes extraordinaires et singulièrement chéris des dieux, divinisent leurs actions, et regardent toutes les pensées qui leur viennent à l'esprit comme des songes et des visions, parce qu'ils croient par là leur donner plus d'importance. Ce moyen peut être bon pour des hommes d'État qui ont à traiter avec une multitude indocile et licencieuse qu'il faut contenir et amener au bien par le frein de la superstition ; mais un tel déguisement est indigne de la philosophie ; il est même contraire à la profession qu'elle fait de nous enseigner tout ce qui est bon et utile, et de nous faire rapporter aux dieux le principe de nos actions. C'est avilir le raisonnement, et affaiblir la démonstration qui fait sa principale force, que de recourir ainsi à des oracles et à des songes, en quoi le plus méchant homme est souvent autant favorisé que le plus vertueux. Aussi, mon Cher Simmias, votre ami Socrate avait-il adopté, ce me semble, un caractère et une forme d'instruction bien plus philosophiques, qui, simples et sans fard, sont plus faits pour la vérité. Il avait renvoyé aux sophistes la vanité et l'enflure, comme la fumée de la philosophie.

« — Et quoi ! Galaxidore, lui dit Théocrite en l'interrompant, Mélitus vous a-

---

[17] Isménus était une rivière de Béotie qui coulait près des murs de Thèbes. Elle portait aussi le nom de Ladon, et avait pris l'autre d'un fils d'Apollon et de la nymphe Mélie, une des néréides. Apollon avait, sur les bords de l'Isménus, un temple, où il était adoré sous le nom d'Isménien.

t-il aussi persuadé que Socrate méprisait les dieux? car c'est un des crimes dont il l'accusa auprès des Athéniens.

« — Non, et j'en atteste les dieux, répliqua Galaxidore; mais ayant trouvé la philosophie pleine, et, pour ainsi dire, enivrée des visions, des fables et des idées superstitieuses dont Pythagore et Empédocle l'avaient surchargée, il l'accoutuma à ne s'attacher qu'aux choses solides, et à chercher la vérité par les lumières d'une raison sage et modérée[18].

« — A la bonne heure, reprit Théocrite. Mais, mon ami, le démon de Socrate, qu'en dirons-nous? le traiterons-nous de fable? Pour moi, je pense que, comme Homère fait aider Ulysse par Minerve dans toutes les situations difficiles où il se trouve, de même, dès la naissance de Socrate, son génie lui donna une vision sûre, qui lui servait de guide, et qui, marchant toujours devant lui, l'éclairait dans les choses obscures et impénétrables à la raison humaine. Souvent aussi son génie lui parlait, et, par son inspiration divine, il dirigeait toutes ses actions. On pourrait savoir ces faits, et de plus merveilleux encore, de Simmias et des autres amis de Socrate. Mais voici ce dont j'ai été témoin.

« Un jour que j'allais chez le devin Eutyphron[19], vous vous en souvenez, Simmias, Socrate montait au Symbole[20] et à la maison d'Andocide[21]; il s'entretenait avec Eutyphron et le poussait de questions pour s'amuser. Tout à coup il s'arrête; et après quelques temps de réflexion, il retourne sur ses pas, prend la rue des Layatiers, rappelle ceux de ses amis qui allaient devant lui, et leur dit que son génie l'empêchait d'aller plus avant. La plupart le suivirent, et je fus de ce nombre, parce que je ne voulais pas quitter Eutyphron. Les plus jeunes d'entre nous poursuivirent leur chemin, comme pour convaincre de faux le génie de Socrate, et ils entraînèrent avec eux un musicien nommé Charillus, qui était venu avec moi à Athènes pour voir Cébès[22]. Ils passèrent dans la rue des Sculpteurs, le long du palais où se rend la justice, et rencontrèrent un grand troupeau de cochons qui étaient couverts de boue, et qui, s'embarrassant par leur grand nombre se précipitaient les uns sur les autres. Comme il n'était pas possible de les éviter,

---

[18] Pythagore et Empédocle attachaient la plus grande importance aux songes, aux visions, aux communications des génies.

[19] Eutyphron était un devin athénien qui, pendant que Socrate était accusé d'impiété par Mélitus, allait se rendre l'accusateur de son propre père. Le premier dialogue de Platon, qui roule sur la religion ou la sainteté, porte son nom.

[20] On ignore ce que c'était que ce lieu appelé Symbole.

[21] Andocide était un orateur athénien, dont la Vie se trouve parmi celles des dix orateurs d'Athènes, dans Plutarque.

[22] Cébès, disciple de Socrate, est auteur d'un ouvrage moral et allégorique, connu sous le nom de *Tableau de Cébès*.

ils renversèrent plusieurs de ces jeunes gens, et couvrirent les autres de boue. Charillus rentra chez lui tout crotté ; ce qui nous fit beaucoup rire, et nous rappela avec admiration le génie de Socrate, qui ne l'abandonnait jamais, et veillait toujours sur lui.

« — Eh quoi ! Théocrite, lui dit Galaxidore, croyez-vous que le génie de Socrate fût une faculté particulière et distincte plutôt qu'une portion de cette sagacité naturelle à tous les hommes, que ce philosophe avait fortifiée par l'expérience, et qui, dirigée par une raison prépondérante, le déterminait à agir dans les conjonctures difficiles et embarrassantes ? Un poids ne fait pencher la balance que lorsqu'on le met sur un des bassins qui étaient en équilibre. De même une voix, ou tel autre signe semblable, est en soi trop faible et trop léger pour déterminer à l'action un esprit solide. Mais si l'âme flotte entre deux partis contraires, et que ce signe se joigne à l'un des deux, alors il rompt l'équilibre, fait cesser l'incertitude, et détermine la volonté.

« — En effet, Galaxidore, lui dit mon père, j'ai ouï dire moi-même à Terpsion de Mégare que le génie de Socrate n'était autre chose qu'un éternuement, soit de lui-même, soit d'un autre. Si quelqu'un qui fût avec lui éternuait à sa droite, devant ou derrière lui, il se déterminait à l'action qu'il voulait faire ; si on éternuait à sa gauche, il ne la faisait pas ; s'il éternuait lui-même pendant qu'il était encore indécis, il se déterminait à agir ; si c'était après l'action commencée, il s'arrêtait. Mais ce qui me surprend, c'est que, se décidant d'après des éternuements, il ait dit à ses amis que c'était un génie familier qui le portait à agir ou qui l'en empêchait. Il serait d'une vaine et ridicule ostentation, et non de cet amour pour la vérité, de cette simplicité de caractère qui ont si fort distingué ce grand philosophe, d'être troublé par un son extérieur, par un éternuement fortuit, d'interrompre pour cela les actions qu'il avait commencées, et d'abandonner ses résolutions.

« Il me semble au contraire que les volontés de Socrate avaient en tout une fermeté et une vigueur qui ne pouvaient avoir pour principe qu'un jugement droit et solide. Sa pauvreté volontaire pendant toute sa vie, quoiqu'il eût des amis qui se seraient fait un si grand plaisir de lui faire du bien ; son attachement invariable à la philosophie, malgré tant d'obstacles ; enfin le refus qu'il fit de sauver sa vie par une fuite facile que ses amis lui avaient ménagée ; son inflexibilité à leurs prières ; sa fermeté aux approches de la mort, dont la vue ne lui fit rien perdre de sa gaieté ni de son courage ; toutes ces qualités ne sont pas d'un homme qui changeait de résolution pour un son ou pour un éternuement ; elles prouvent en lui une âme d'une trempe supérieure, que de plus grands motifs conduisaient à la vertu.

« J'ai entendu dire aussi qu'il avait prédit à quelques-uns de ses amis la défaite des Athéniens en Sicile[23]. Avant cette époque, Pyrilampès, fils d'Antiphon[24], qui fut pris à la déroute de Délium[25], où il avait été blessé d'un coup de javeline, ayant su, par les députés qui venaient d'Athènes à Thèbes pour traiter de la paix, que Socrate, Alcibiade et Lachès étaient retournés heureusement dans leur patrie par le chemin qu'ils avaient pris, il se fit à lui-même les plus grands reproches, blâma plusieurs de ses amis et des soldats de sa bande qui, en fuyant le long du mont Parnès[26], avaient été tués par notre cavalerie, pour n'avoir pas obéi au génie de Socrate et s'être enfuis de la bataille par un autre chemin que celui qu'il leur montrait. Je crois que Simmias l'a entendu dire aussi bien que moi.

«—Plus d'une fois, répondit Simmias, et par plus d'une personne ; car ce fait donna beaucoup de célébrité au génie de Socrate parmi les Athéniens.

«—Eh quoi! Simmias, dit alors Phidolaüs, souffrirons-nous que Galaxidore tourne en ridicule un si grand effet de la divination, et qu'il le réduise à des éternuements, à des voix dont le vulgaire ignorant fait usage en plaisantant pour des choses de peu d'importance ? Car dans des affaires sérieuses et dans des périls véritables ils suivent le conseil d'Euripide :

> On ne plaisante point quand le fer étincelle.

«—Phidolaüs, lui dit Galaxidore, si Simmias en a entendu dire quelque chose à Socrate lui-même, je suis prêt à l'écouter et à le croire comme vous. Quant à ce que vous et Polymnis venez d'en raconter, il n'est pas difficile de le réfuter. En effet, comme, dans la médecine, des symptômes légers en soi, tels que l'altération du pouls ou une tumeur, pronostiquent une maladie grave ; qu'un pilote, aux cris des oiseaux ou à la vue d'un nuage qui flotte dans les airs, présage un grand vent ou une tempête violente ; de même, pour une âme exercée à la divination, un éternuement, une voix, choses en soi de peu d'importance, sont des signes d'événements considérables. Il n'est point d'art où l'on néglige de juger des grandes choses par les petites. Si un homme qui ignorerait les propriétés des caractères d'écriture, en voyant leur petit nombre et leur forme peu agréable, ne voulait pas croire qu'un écrivain pût avec ces lettres décrire les guerres impor-

---

[23] Cette défaite n'était point difficile à présager, et ne prouve rien pour l'esprit de divination de Socrate.

[24] Antiphon, orateur athénien, était du bourg de Rhamnuse. Il fut le premier qui donna des leçons de l'art oratoire.

[25] Délium était une petite ville de la Béotie, célèbre par la victoire signalée que les Thébains y remportèrent sur les Athéniens. Socrate, qui y était, sauva la vie à Xénophon l'historien.

[26] C'était une montagne de l'Attique.

tantes des siècles passés, les fondations des villes, les actions mémorables des rois et les révolutions des empires, et qu'il soutint que l'historien débite de mémoire tous ces faits, sans doute, Phidolaüs, vous ririez de bon cœur de la simplicité d'un tel homme. Prenons garde aussi nous-mêmes que, faute de connaître la vertu de ce qui tient à la divination et qui mène à prédire l'avenir, nous n'allions maladroitement blâmer un homme sensé qui tire de ces présages la connaissance des choses cachées, et soutient que ce n'est ni un éternuement ni une voix, mais un génie qui dirige toutes ses actions.

«Maintenant c'est à vous que je m'adresse, Polymnis. Vous paraissez étonné que Socrate, qui, par sa modestie et sa simplicité, a, pour ainsi dire, si fort humanisé la philosophie, n'ai pas appelé simplement ce signe un éternuement ou une voix, mais qu'il lui ai donné le nom emphatique de génie. Pour moi, je serais surpris au contraire qu'un homme qui parlait aussi bien, et employait les termes aussi à propos que le faisait Socrate, eût dit que c'était un éternuement, et non pas un génie qui l'avertissait de ce qu'il devait faire. Un homme dit-il qu'il a été blessé par une flèche et non par celui qui l'a lancée? Dit-on que c'est la balance qui pèse, et non celui qui la tient? L'ouvrage ne doit pas être attribué à l'instrument, mais à celui qui s'est servi de l'instrument pour faire l'ouvrage. Or, un signe est un instrument dont se sert celui qui veut désigner quelque chose. Mais, je le répète, il faut s'en rapporter à ce que Simmias nous en dira, car il est plus instruit que personne.

«— Oui, dit Théocrite, mais après que nous aurons vu quelles sont les personnes qui entrent. Si je ne me trompe, c'est Épaminondas qui nous amène cet étranger. »

Nous regardâmes tous du côté de la porte, et nous vîmes Épaminondas qui marchait le premier, accompagné de quelques-uns de nos amis, d'Isménodore, de Bacchylide et du joueur de flûte Mélissus. Ils étaient suivis de cet étranger, qui nous frappa tous par son air de noblesse, par la douceur et l'affabilité qui éclataient sur son visage, et par la dignité de son habillement. Il se plaça auprès de Simmias; mon frère s'assit à côté de moi, et les autres à l'endroit même où ils se trouvèrent.

Après un moment de silence, Simmias adressa la parole à mon frère:

«— Épaminondas, lui dit-il, quel est cet étranger? dites-nous son nom et son pays; car c'est par là qu'on commence ordinairement à faire connaissance et à entrer en conversation.

«— Il s'appelle Théanor, lui dit Épaminondas, il est de Crotone, et du nombre de ces philosophes qui soutiennent dans ce pays la gloire du grand Pythagore. Il arrive d'Italie, et il a entrepris un si long voyage pour confirmer par des actions vertueuses l'excellence de sa doctrine.

« — Épaminondas, lui dit Théanor, vous m'empêchez de faire la meilleure des actions ; car s'il est beau de faire du bien, il ne peut y avoir de honte à le recevoir. Un bienfait suppose quelqu'un qui reçoive, comme quelqu'un qui donne ; et cette réciprocité achève l'action honnête et vertueuse. Celui qui ne reçoit pas le bienfait le déshonore et le rend inutile ; il est semblable à un homme qui reçoit mal une balle bien envoyée. Or, est-il un but qu'il soit plus agréable d'atteindre ou plus affligeant de manquer, que le projet de faire du bien à un homme vertueux que l'on a le plus grand désir d'obliger ? Encore, celui qui ne frappe pas le but ne fait-il tort qu'à lui seul ; mais celui qui refuse un bienfait et qui s'y dérobe, outrage la bienfaisance et l'empêche d'arriver à la fin qu'elle se propose. Je vous ai déjà dit les motifs qui m'ont fait entreprendre le voyage de Thèbes, et je veux les apprendre à tous ceux qui composent cette assemblée, afin qu'ils soient juges entre vous et moi.

« Lorsque les écoles des pythagoriciens eurent été détruites en Italie par des séditions, ceux de ces philosophes qui étaient restés à Métaponte se réunirent dans une maison pour y tenir conseil. Là, ils furent investis par les amis de Cylon, qui mirent le feu à la maison, et les y firent tous périr, à l'exception de Phidolaüs et de Lysis, qui, jeunes encore, durent à leur force et à leur agilité le bonheur de se sauver à travers les flammes. Phidolaüs s'enfuit dans la Lucanie, et se joignit à un grand nombre d'autres amis qui commençaient à se rallier et à reprendre le dessus sur les Cycloniens. On ignora longtemps ce qu'était devenu Lysis ; mais enfin Gorgias le Léontin[27], à son retour de Grèce en Sicile, donna à Arcésus des nouvelles certaines de Lysis, et lui dit qu'il l'avait vu à Thèbes, où il faisait son séjour ordinaire. Arcésus, qui brûlait du désir de le revoir, voulut s'embarquer sur-le-champ ; mais, retenu par son grand âge et par sa faiblesse, il chargea ses amis d'aller le chercher, et, s'il vivait encore, de le ramener en Italie ; ou, s'il était mort, d'y transporter ses ossements. Les guerres, les séditions et les tyrannies qui s'élevèrent dans l'intervalle ne permirent pas à ces amis d'exécuter cet ordre pendant sa vie. Depuis, le génie de Lysis nous a clairement annoncé sa mort ; et ceux qui ont été témoins, Polymnis, des soins que vous en avez eus pendant son séjour ici, nous ont appris qu'il avait trouvé dans une maison pauvre toutes les douceurs dont sa vieillesse avait besoin, et que, traité durant sa vie comme un de vos enfants, il y avait eu la fin la plus heureuse. J'ai été donc envoyé seul ici

---

[27] Gorgias se rendit célèbre par son éloquence. On lui donna le surnom de Léontin, parce qu'il était de Léontium de Sicile.

comme le plus jeune par plusieurs de ses anciens amis, qui, étant riches, veulent venir au secours de votre indigence et reconnaître les bienfaits et les témoignages d'amitié qu'ils ont reçus de vous en la personne de Lysis. Vous lui avez donné une sépulture honorable, et la reconnaissance que ses amis et ses proches veulent vous en témoigner l'honorera encore davantage. »

Le récit de Théanor et le souvenir de Lysis firent verser à mon père des larmes abondantes. Pour mon frère, il me dit en souriant à son ordinaire :

« — Que ferons-nous, Caphisias ? Livrerons-nous notre pauvreté pour de l'argent, et garderons-nous le silence ?

« — A Dieu ne plaise ! lui répondis-je ; elle nous est trop chère, et elle a été une trop bonne nourrice de notre enfance. Mais c'est à vous à parler pour sa défense.

« — Mon père, dit-il alors, je n'avais qu'un seul motif de craindre que les richesses ne s'emparassent de notre maison ; c'était le besoin que pourrait avoir Caphisias d'avoir d'un bel habit pour se parer et se rendre agréable à cette foule d'amis qui lui font la cour, ensuite d'une nourriture abondante pour soutenir les exercices et les travaux du Gymnase ; mais puisque, bien loin de trahir la pauvreté paternelle, il la conserve au contraire comme une arme d'une excellente trempe ; que, malgré sa jeunesse, content de sa condition présente, il fait son ornement de la simplicité, que ferions-nous de l'argent, à quoi l'emploierions-nous ? Nous servirait-il à dorer nos armes, à border notre bouclier d'or et de pourpre, comme faisait l'Athénien Nicias[28] ? Achèterions-nous pour vous, mon père, un manteau de drap de Milet[29], et pour ma mère une tunique bordée de pourpre ? car je ne crois pas que nous voulussions abuser de ces présents pour faire bonne chère et traiter délicatement la richesse comme un hôte onéreux.

« — A Dieu ne plaise, mon fils, lui dit alors mon père, que je voie jamais un tel changement dans notre manière de vivre !

« — Cependant, lui dis-je, nous ne resterions pas spectateurs et gardiens tranquilles de notre argent ; ce serait ôter au bienfait tout son mérite, et à la possession tout son prix.

« — Pourquoi donc, me dit mon père, le recevrions-nous ?

« — Il y a quelque temps, reprit alors Épaminondas, que Jason, le général des Thessaliens, m'envoya une somme d'argent considérable qu'il me priait d'accepter. Il trouva, je crois, ma réponse un peu sauvage. Je lui fis dire que je regardais

---

[28] C'est vraisemblablement le général de ce nom, fameux par sa défaite et par sa mort en Sicile.

[29] La ville de Milet en Ionie était célèbre par la finesse de ses laines et par la beauté de ses draps.

cette offre comme une insulte et une sorte de déclaration de guerre, de la part d'un homme qui, aspirant au pouvoir suprême, tentait de corrompre à prix d'argent un citoyen d'une ville libre et d'un État populaire.

« Pour vous, Théanor, j'approuve fort votre intention ; elle est honnête et digne d'un philosophe. Mais vous venez apporter des remèdes à des gens qui ne sont pas malades. Si l'on vous eût dit que nous étions en guerre, et qu'à cette nouvelle vous vous fussiez embarqué avec des secours d'armes et de munitions, mais qu'en arrivant vous nous eussiez trouvé en pleine paix, sans doute vous n'auriez pas cru devoir nous laisser des provisions dont nous n'aurions pas eu besoin. Vous êtes venus nous secourir contre la pauvreté, que vous regardez comme notre ennemie. Mais, au contraire, nous nous en accommodons très bien, et nous vivons avec elle dans la meilleure intelligence. Ainsi, il ne nous faut contre elle ni armes, ni argent, puisqu'elle ne nous cause aucune peine. Dites donc à vos amis d'Italie qu'ils font un bon usage de leurs richesses ; mais qu'ils ont ici des amis qui savent bien user de la pauvreté. Quant aux dépenses que nous avons faites pour Lysis et pour sa sépulture, il nous les a lui-même payées, en nous enseignant, outre plusieurs autres sciences, celle de supporter patiemment la pauvreté.

« — Mais, dit Théanor, s'il y a de la faiblesse à craindre la pauvreté, n'est-ce pas manquer de jugement que de redouter et de fuir les richesses, surtout quand on ne les refuse pas pour des motifs solides, mais par dissimulation, par inexpérience ou par vanité ? Et quelle bonne raison peut-on avoir de rejeter une acquisition honnête et légitime des richesses, comme le serait celle d'Épaminondas ? Mais puisque, dans votre réponse au général des Thessaliens, vous avez fait assez voir votre façon de penser, dites-moi, croyez-vous qu'il y ait une voie honnête de donner de l'argent, et qu'il n'y en ait aucune d'en recevoir ? Ou regardez-vous comme également coupables tous ceux qui en donnent et tous ceux qui en reçoivent ?

« — Non, répondit Épaminondas, je crois qu'il en est de l'argent comme de toute autre chose, qu'il y a des moyens honnêtes de le donner et de le recevoir, et qu'il y en a de honteux.

« — Eh bien ! reprit Théanor, celui qui donne volontairement et de plein gré ce qu'il doit, ne donne-t-il pas d'une manière honnête ?

Épaminondas :

« — Sans doute.

Théanor :

« — Et celui qui le reçoit en pareil cas, ne le reçoit-il pas aussi honnêtement ? Ou est-il une occasion plus légitime de le recevoir, que lorsqu'il est donné légitimement ? Épaminondas. Non, assurément.

Théanor :

« — Par conséquent, de deux amis, si l'un est obligé de donner, l'autre l'est de recevoir. Dans les combats, on doit se détourner d'un ennemi qui nous a rendu quelque service ; mais dans les bienfaits, il n'est pas juste de repousser ou de fuir un ami qui a de bonnes raisons pour donner ; car, si la pauvreté n'est pas pénible, la richesse a aussi son prix, et elle n'est pas à rejeter.

« — J'en conviens, répliqua Épaminondas ; mais considérons les choses de plus près. Nous avons en nous une foule de passions qui portent sur des objets différents. Dans ce nombre, il en est qu'on regarde comme naturelles, qui germent dans nos sens et nous portent à contenter les plaisirs nécessaires ; d'autres nous sont étrangères, et tiennent à de fausses opinions. Elles acquièrent, dans une mauvaise éducation, par le temps et l'habitude, de la force et de la vigueur, et souvent elles entraînent et avilissent l'âme bien plus que les passions nécessaires ; l'exercice et l'habitude détruisent en grande partie celles qui nous sont naturelles. Mais, mon cher Théanor, il faut employer tout ce que l'exercice a de force contre les passions étrangères, pour les réprimer, les contenir et les châtier avec les armes de la raison. En effet, si la raison, par sa résistance, triomphe de la faim et de la soif, il est bien plus facile de réfréner l'amour des richesses et de la gloire, en lui ôtant les objets de ses désirs, jusqu'à ce qu'enfin il s'épuise faute d'aliment. Ne le pensez-vous pas comme moi ?

« — Assurément, dit Théanor. Vous voyez donc la différence qu'il y a entre l'exercice et l'action qui en est l'objet. L'action propre aux athlètes, c'est de lutter contre leurs adversaires, dans la vue de remporter le prix ; leur exercice est la préparation qu'ils donnent à leurs corps pour cette lutte, en l'exerçant dans le Gymnase. Vous convenez sans doute que l'action même de la vertu diffère de son exercice. »

Théanor en convint.

« — Eh bien ! reprit Épaminondas, pour commencer par la continence, croyez-vous que l'abstinence de tous les plaisirs honteux et illicites soit l'exercice, ou plutôt l'action et la preuve même de cette vertu ?

« — Je crois, lui dit Théanor, que cette abstinence en est l'action et la preuve évidente. Épaminondas. Pour son exercice et sa préparation, n'est-ce pas ce que vous faites tous maintenant, quand, après vous être exercé le corps, et avoir, comme les animaux, excité votre appétit, vous restez longtemps assis à ces tables brillantes et délicatement servies ; qu'ensuite, laissant à vos esclaves ces mets recherchés, vous ne prenez que des aliments simples et communs, parce que vos désirs sont satisfaits ? Car l'abstinence des plaisirs permis est l'exercice qui nous fortifie contre les voluptés illicites.

« — Rien n'est plus vrai, lui dit Théanor.

« — Il y a donc aussi, mon cher Théanor, reprit Épaminondas, un exercice de la justice contre l'amour des richesses, et il consiste, non à ne pas aller la nuit piller et dérober dans les maisons de ses voisins, à ne pas trahir pour de l'argent sa patrie et ses amis (car alors c'est la crainte et la loi qui retiennent la main et arrêtent les injustices) ; mais à s'abstenir souvent de gains licites et permis par la loi, pour contracter ainsi l'habitude de rejeter toute acquisition injuste et illégitime. Il est impossible que l'âme se refuse à des plaisirs vifs, quelques mauvais et pernicieux qu'ils soient, si elle ne les a pas souvent méprisés quand elle a pu en jouir. Difficilement aussi foulera-t-elle aux pieds des profits considérables et honteux qui s'offriront à elle, si de longue main elle n'a dompté cet amour de l'argent qui, nourri et fortifié par d'anciennes habitudes, n'est pas arrêté par l'injustice, et se la permet facilement dès qu'il y trouve son compte.

« Mais un homme qui ne se sera prêté ni aux bienfaits de ses amis, ni aux libéralités des princes, ni même aux faveurs de la fortune ; qui, à la vue d'un trésor, aura réprimé les saillies de la cupidité, celui-là ne sera jamais assailli par les tentations de l'injustice ; aucun trouble ne s'élèvera dans son âme. La noblesse de ses sentiments, et le témoignage qu'il peut se rendre de son honnêteté, le porteront toujours au bien avec la plus grande facilité. Voilà les combats que nous aimons, Caphisias et moi ; et c'est pour cela, mon cher Simmias, que nous prions Théanor de permettre que nous nous exercions à cette vertu par la pauvreté. »

Après que mon frère eut fini de parler, Simmias, branlant deux ou trois fois la tête, nous dit :

« — C'est un grand homme qu'Épaminondas, et il le doit à Polymnis, qui de bonne heure à donné à ses enfants une excellente éducation, en les formant à la philosophie. Quant à l'objet de votre dispute, Théanor, c'est à vous à la terminer avec eux. Mais le corps de Lysis, permettez-nous de vous demander si vous l'ôterez de son tombeau pour le transporter en Italie, ou si vous le laisserez au milieu de ses amis, qui seront charmés, quand ils quitteront la vie, de joindre leurs cendres aux siennes.

« — Il me semble, Simmias, lui répondit Théanor en souriant, que Lysis se trouve bien dans ce pays, où, grâce à Épaminondas, il n'a eu rien à désirer. Il est des cérémonies religieuses que les pythagoriciens observent pour les sépultures ; et lorsque quelqu'un de nous en est privé, nous ne croyons pas qu'il ait obtenu cette fin heureuse que nous désirons.

« Lors donc que nous eûmes appris dans des songes la mort de Lysis (car nous savons distinguer, par un certain signe qui nous apparaît pendant le sommeil, si c'est l'image d'un homme vivant ou celle d'un homme mort qui s'offre à nous), il vint en pensée à plusieurs d'entre nous que, Lysis étant mort chez des étrangers, il n'aurait pas été enseveli avec les cérémonies ordinaires, et qu'il fallait le transporter dans son pays pour les lui suppléer. Je suis venu à Thèbes dans ce dessein, et aussitôt après mon arrivée, les habitants m'ayant conduit au tombeau de Lysis, j'y ai fait le soir les libations d'usage ; j'ai évoqué l'âme de Lysis, afin qu'elle vînt m'instruire de ce que je devais faire. Je n'ai rien vu de toute la nuit ; mais j'ai cru entendre une voix qui me disait de ne pas toucher à ce qui ne devait pas être déplacé ; que Lysis avait été religieusement enseveli par ses amis, et que son âme, déjà jugée, avait passé à une seconde génération, et était échue en partage à un autre génie. J'en ai conféré ce matin avec Épaminondas, et par la manière dont il a rendu les derniers devoirs à Lysis, j'ai reconnu que ce philosophe l'avait parfaitement instruit des points mêmes les plus secrets de notre doctrine, et qu'Épaminondas était dirigé dans sa vie par le même génie que Lysis, si du moins par la navigation je juge bien de l'art du pilote ; car les routes de la vie sont bien multipliées ; mais celles par où les génies conduisent les hommes sont en petit nombre. »

A ces mots, Théanor fixa ses regards sur Épaminondas, comme pour lire de nouveau son caractère sur les traits de son visage. En même temps le médecin entra pour panser la blessure de Simmias. Pendant qu'il levait l'appareil, Phyllidas survint avec Hipposthénide, et nous ayant fait signe à Charon, à Théocrite et à moi de le suivre, il nous conduisit d'un air extrêmement troublé dans un coin du Portique.

« — Qu'y a-t-il de nouveau, Phyllidas ? lui demandai-je.

« — Rien de nouveau, Caphisias, me répondit-il, du moins pour moi qui ai toujours prévu et annoncé la faiblesse d'Hipposthénide, et qui vous avait prié de ne point l'associer à notre entreprise, et de ne pas même lui en faire part. »

Ce discours nous causa la plus grande frayeur.

« — Au nom des dieux, Phyllidas, lui dit Hipposthénide, tenez un autre langage, et en prenant la témérité pour de la hardiesse, n'allez pas nous perdre, nous et toute la ville ; laissez plutôt, si les destins le permettent, laissez les bannis s'en retourner en sûreté.

« — Dites-moi, Hipposthénide, lui dit Phyllidas avec colère, combien croyez-vous qu'il y ait de gens dans notre secret ?

« — J'en connais au moins trente, lui répondit Hipposthénide.

« — Pourquoi donc, reprit Phyllidas, entre un si grand nombre d'associés, vous êtes-vous opposé seul à ce qui avait été convenu entre tous les autres ? Pourquoi avez-vous envoyé un homme à cheval au-devant des bannis qui s'étaient déjà mis en marche, pour leur dire de retourner sur leurs pas et de ne point venir aujourd'hui à Thèbes, tandis que le hasard avait tout disposé si favorablement pour leur entrée dans la ville ? »

Ce discours de Phyllidas nous jeta tous dans le plus grand trouble. Chacun fixant un œil sévère sur Hipposthénide :

« — Malheureux, lui dit-il, qu'avez-vous fait ?

« — Rien de mal, répondit-il, si, quittant ce ton de voix menaçant, vous voulez écouter les raisons d'un homme de votre âge, et qui, comme vous, a les cheveux blancs. Si nous ne voulons, Phyllidas, que montrer à nos concitoyens que nous savons affronter les périls et braver la mort, il nous reste encore assez de jour ; n'attendons pas la nuit, allons à l'heure même, armés de nos épées, fondre sur les tyrans ; massacrons-les, périssons nous-mêmes, n'épargnons pas notre vie ; rien de tout cela n'est difficile, ni à faire ni à souffrir. Mais il n'est pas si aisé de délivrer Thèbes d'une si grande multitude d'ennemis, et de chasser la garnison des Spartiates, en ne faisant périr que deux ou trois personnes. Sans doute que Phyllidas, dans le repas qu'il doit donner, n'a pas fait venir assez de vin pour enivrer les quinze cents soldats de la garde d'Archias ; et quand nous ferions périr ce tyran, Hérippidas et Arcésus seront sobres, et feront le guet toute la nuit. Pourquoi précipiter à une perte certaine nos amis et nos proches ? D'ailleurs, nos ennemis n'ignorent pas absolument le retour des bannis. En effet, pourquoi avait-on fait dire aux Thespiens[30] de s'armer dans trois jours, c'est-à-dire aujourd'hui, et d'attendre les ordres des Spartiates ? Pourquoi dit-on qu'Amphithéus sera exécuté dans la journée, aussitôt qu'Archias l'aura fait appliquer à la question et qu'il sera rentré chez lui ? Ne sont-ce pas là de grands indices que notre conspiration est découverte ? Ne faut-il pas mieux en différer de quelques moments l'exécution, jusqu'à ce qu'on ait apaisé les dieux ?

« Les devins, qui ont immolé un bœuf à Cérès, disent que les entrailles de la victime menacent la ville d'un grand trouble et d'un danger public. Et ce qui mérite, Charon, une attention particulière de votre part, c'est qu'hier, comme je revenais de la campagne avec Hypatodore, fils d'Eryanthe, homme de bien et d'honneur, mais qui ne sait rien de nos projets, il me dit : "Hipposthénide, Charon est votre ami ; pour moi, je le connais peu, mais, si vous m'en croyez, avertissez-le de se tenir en garde contre quelque accident grave et fâcheux qui le menace. La nuit dernière, dans un songe, j'ai cru voir sa femme en travail d'enfant ; ses amis, pleins d'inquiétude et rangés en cercle autour de lui, faisaient des vœux au ciel. Cependant, elle mugissait et poussait des cris inarticulés. Enfin,

---

[30] Les Thespiens étaient un des peuples de la Béotie, voisin de l'Hélicon, dont le pays était consacré aux Muses, qui, de là, étaient appelées Thespiades.

il en est sorti un feu violent et terrible qui a embrasé la plus grande partie de la ville ; la fumée a enveloppé la citadelle, mais le feu n'a pu y parvenir."

« Voilà, Charon, le songe qu'il me raconta. J'en fus au moment même saisi de frayeur, et ma crainte s'est aujourd'hui bien augmentée, lorsque j'ai su que les bannis devaient loger chez vous. Je tremble que nous n'allions nous jeter dans les plus grands maux, sans en faire d'autres à nos ennemis que de leur donner l'alarme ; car je pense que, dans le songe, c'est nous qui sommes désignés par la ville, et eux par la Cadmée, dont ils sont en possession. »

Charon allait répondre à Hipposthénide, mais Théocrite l'arrêta et prit la parole :

« — Quoique jusqu'ici, dit-il, tous les sacrifices que j'ai faits pour les exilés leur aient été favorables, je n'ai encore vu, Hipposthénide, aucun présage qui doive plus les encourager à poursuivre leur entreprise, que le songe que vous venez de raconter. Vous dites qu'il est sorti d'une maison amie un feu brillant qui s'est répandu dans la ville, et que le lieu qu'occupent nos ennemis a été noirci par la fumée, dont l'effet est de causer du trouble et de provoquer les larmes. Vous ajoutez qu'on a entendu des sons inarticulés ; c'est-à-dire que si l'on nous accuse pour quelque parole entendue, on n'aura que des soupçons vagues et incertains, qui n'empêcheront pas que notre entreprise ne se termine heureusement. Quant aux mauvais présages des sacrifices, ils regardent, non le public, mais ceux qui ont l'autorité en main. »

Pendant que Théocrite parlait encore, je demandai à Hipposthénide quel homme il avait envoyé pour avertir les bannis.

« — S'il n'y a pas longtemps, lui dis-je, que vous l'avez fait partir, on peut courir après lui.

« — Caphisias, me dit-il, je doute, à vous parler vrai, qu'on pût le rattraper ; car il a le meilleur cheval qui soit dans Thèbes. C'est un homme connu de vous tous ; il est écuyer de Melon, qui, dès le commencement, lui a fait part de tous nos desseins. »

Je l'aperçus à l'heure même, et je dis à Hipposthénide :

« — N'est-ce pas de Chlidon que vous parlez, celui qui l'année dernière gagna le prix de la course des chevaux aux fêtes de Junon ?

« — C'est lui-même, me dit Hipposthénide.

« — Quel est donc, repris-je, celui que je vois depuis longtemps à la porte du vestibule et qui nous regarde ? »

Hipposthénide s'étant retourné :

« — Oh Dieux ! s'écria-t-il, c'est Chlidon. Ne serait-il pas arrivé quelque accident plus fâcheux ? »

Chlidon voyant que nous avions les yeux fixés sur lui, s'approcha lentement de nous. Hipposthénide lui fit signe de parler sans crainte, parce qu'il n'était qu'avec des gens sûrs.

« — Je les connais tous parfaitement, lui dit-il. Ne vous ayant trouvé ni chez vous ni à la place publique, j'ai pensé que vous deviez être ici, et j'y suis venu sur-le-champ, afin de ne rien vous laisser ignorer de ce qui s'est passé. Sur l'ordre que vous m'aviez donné de faire la plus grande diligence pour aller au-devant des bannis sur la montagne, j'ai été promptement chez moi pour y prendre mon cheval. J'ai demandé la bride à ma femme, qui, ne l'ayant pas sous la main, a passé beaucoup de temps à la chercher. Après avoir fouillé partout, et m'avoir amusé longtemps, elle a fini par m'avouer qu'elle l'avait prêtée à un de nos voisins, dont la femme était venue la veille au soir la lui demander. La colère s'est emparée de moi et je l'ai accablée d'injures ; à son tour elle m'a chargé de malédictions, et m'a souhaité un mauvais voyage et un plus mauvais retour. Daignent les dieux faire retomber sur elle ces imprécations ! Dans l'emportement où j'étais, je l'ai battue ; ses cris ont attiré un grand nombre de femmes du voisinage, et après la scène la plus humiliante, j'ai eu bien de la peine à sortir de chez moi pour venir vous dire d'envoyer aux bannis un autre courrier ; car il me serait impossible d'y aller dans le trouble où je suis. »

A ce récit, il se fit en nous un changement singulier. Quelques instants auparavant, nous n'aurions pu apprendre sans indignation qu'on eût apporté du retardement à notre entreprise. Mais alors le peu de temps qui nous restait, et qui ne souffrait point de délai, nous jeta dans la crainte et dans la perplexité. Cependant, je pris d'un air de confiance, la main d'Hipposthénide, et je l'exhortai à avoir bon courage, parce que les dieux eux-mêmes nous appelaient à l'exécution de notre dessein. Après quoi, Phyllidas sortit pour faire préparer le souper, et Charon alla disposer sa maison pour y recevoir les bannis. Théocrite et moi nous rentrâmes auprès de Simmias pour profiter de l'occasion de nous entretenir avec Épaminondas. Simmias et lui avaient déjà beaucoup approfondi la question intéressante, que Galaxidore et Phidolaüs avaient élevée un peu auparavant sur la nature et les propriétés du démon de Socrate. Nous n'entendîmes point ce que Simmias avait répondu au discours de Galaxidore. Mais il dit qu'ayant un jour interrogé Socrate sur cet objet, il n'en avait reçu aucune réponse, et que depuis il n'avait plus osé lui faire des questions. Il ajouta qu'il l'avait souvent entendu traiter d'hommes vains et arrogants, ceux qui prétendaient avoir eu quelque vision divine ; mais qu'il écoutait volontiers ceux qui disaient avoir entendu une voix, et qu'il s'en entretenait avec eux fort sérieusement. Ce rapport de Simmias nous fit soupçonner, après que nous en eûmes conféré ensemble, que le démon de Socrate n'était pas une vision, mais la sensation d'une voix, ou l'intelligence de quelques paroles qui le frappaient d'une manière extraordinaire ; comme dans le sommeil, on n'entend pas une voix distincte, mais on croit seulement entendre des paroles qui ne frappent que les sens intérieurs. Ces sortes de perceptions forment les songes, à cause de la tranquillité et du calme que le sommeil procure au corps. Mais pendant le jour, il est bien difficile de tenir l'âme attentive aux avertissements divins. Le tumulte des passions qui nous agitent, les besoins multipliés que nous éprouvons, nous rendent sourds ou inattentifs aux avis que les dieux nous donnent. Mais Socrate, dont l'âme pure et exempte de passions, n'avait guère de commerce avec le corps, que pour les besoins indispensables, saisissait facilement les impressions des objets qui venaient frapper son intelligence ; et vraisemblablement ces impressions étaient produites, non par une voix ou par un son, mais par la parole de son génie, qui, sans produire aucun son extérieur, frappait la partie intelligente de son âme, par la chose même qu'il lui faisait connaître.

La voix est comme un coup dont l'âme est frappée, et qui, par l'organe de l'ouïe, fait passer jusqu'à elle les paroles qu'on prononce dans la conversation. Mais l'entendement divin dirige une âme bien née, en l'atteignant par la pensée seule, sans avoir besoin d'une voix extérieure qui la frappe. L'âme cède à cette impression, soit que Dieu retienne ou qu'il excite sa volonté ; et loin d'éprouver de la contrainte par la résistance des passions, elle se montre souple et maniable, comme une rêne entre les mains d'un écuyer. Faut-il s'en étonner, lorsqu'on voit un faible gouvernail diriger les plus grands vaisseaux, et le plus léger mouvement de la main faire tourner si facilement la roue d'un potier ? Quoique ces instruments soient inanimés, le poli qu'on leur donne les rend si mobiles, qu'ils tournent aisément à la moindre impulsion. Or, l'âme humaine, tendue, pour ainsi dire, par une foule d'affections, comme par autant de cordages, est le plus mobile de tous les instruments ; et dès que la raison vient la frapper, elle se porte vers la pensée qu'a saisie son intelligence. Car les principes des passions et des désirs tiennent tous à cette faculté intelligente ; et dès qu'elle est ébranlée, toutes ces affections donnent à l'homme un nouveau ressort, et entraînent sa détermination.

C'est par ces effets qu'on peut connaître toute la force de l'intelligence. Les os n'ont point de sentiment, les nerfs et les chairs sont remplis de substances humides, et la masse pesante du corps entier est naturellement dans le repos et dans l'inaction. Mais l'âme reçoit-elle quelque impression dans son entendement, et dirige-t-elle l'affection vers l'objet qui l'a frappée : alors la volonté s'excite, elle se tend avec force, et, portée sur tous les organes du corps, comme sur des ailes, elle vole, pour ainsi dire, vers l'action. Ce mouvement par lequel l'âme se tend, s'anime, et, par l'impulsion des désirs, entraîne le corps vers les objets qui ont frappé l'intelligence, n'est point difficile à comprendre : la pensée conçue par l'entendement le fait aisément agir, sans avoir besoin d'un son extérieur qui le frappe. De même, il est facile, ce me semble, qu'une intelligence supérieure et divine dirige notre entendement, et qu'elle le frappe par une voix extérieure, de la manière qu'un esprit peut en atteindre un autre, à peu près comme la lumière se réfléchit sur les objets. Nous nous communiquons nos pensées par le moyen de la parole, comme en tâtonnant dans les ténèbres. Mais les pensées des démons, naturellement lumineuses, brillent à l'âme de ceux qui sont capables d'en apercevoir la lumière, sans employer des sons ni des paroles. Les hommes les emploient réciproquement comme les signes et les images de leurs pensées qu'ils ne peuvent voir distinctement, excepté ceux qui, comme je viens de le dire, ont dans l'esprit une lumière qui leur est propre, et qui tient de celle des dieux.

Ceux qui refuseraient de croire ce que je viens de dire[31] en ont la preuve dans ce qui se fait par le ministère de la voix. L'air, frappé d'abord par des sons articulés et changé en voix et en paroles, transmet la pensée dans l'âme de celui qui les écoute. Faut-il donc être surpris que l'air, qui, par sa mobilité naturelle, est si flexible et si variable, reçoive la pensée des dieux immortels, et la communique aux âmes d'un naturel excellent et presque divin ? On entend les coups des mineurs qui travaillent sous terre à une grande profondeur, en mettant à la surface des boucliers d'airain, qui en renvoient le son[32]. Des vases d'une autre matière donnent passage au son, et empêchent de l'entendre. De même, les discours des génies se répandent partout, mais ils ne retentissent qu'aux âmes tranquilles qui ne sont pas agitées par le trouble des passions, à ces hommes que nous appelons célestes et divins.

Bien des gens sont dans l'idée que les dieux n'inspirent les hommes que pendant leur sommeil, et ils ne peuvent croire qu'ils se communiquent à eux pendant qu'ils veillent, et qu'ils jouissent de toute leur raison. C'est à peu près comme si l'on disait qu'un musicien pourrait jouer d'une lyre dont toutes les

---

[31] De la communication de l'entendement divin avec l'âme humaine par le son extérieur dont il la frappe.

[32] Hérodote, liv. IV, ch. 200, raconte qu'au siège de Barcé, ville d'Afrique, les Perses avaient poussé leurs mines jusqu'aux murailles. Un ouvrier en cuivre de la ville les découvrit par le moyen d'un bouclier d'airain qu'il posait à terre, en faisant le tour des murailles. Dans les endroits où l'on ne minait pas, le bouclier ne rendait point de son, et il en rendait dans ceux où les mineurs travaillaient. Les assiégés firent des contre-mines dans ces endroits, et tuèrent les mineurs des Perses.

cordes seraient lâches, et qu'il ne le pourrait plus lorsqu'elle serait bien montée et parfaitement d'accord. Ils ne voient pas que ce qui s'oppose en eux à cette communication, c'est le trouble et le désordre de leur âme ; défaut dont notre ami Socrate fut toujours exempt, comme l'oracle l'avait prédit à son père dans l'enfance de son fils. Il ordonna qu'on lui laissât faire tout ce qui lui viendrait en pensée, sans le contraindre en rien, sans le détourner de ce qu'il voudrait faire ; mais de l'abandonner à son propre mouvement, et de faire seulement des vœux pour lui à Jupiter éloquent, et aux Muses ; au reste, de ne plus l'interroger sur le compte de Socrate, parce qu'il avait, pour se conduire, un guide préférable à tous les maîtres et à tous les instituteurs qu'on pourrait lui donner. Voilà, Phidolaüs, quel a été notre sentiment sur le génie de Socrate, soit de son vivant, soit après sa mort ; et nous n'avons pas même écouté ceux qui prétendaient que c'était une voix, un éternuement, ou quelque autre signe semblable. Pour ce que nous en avons entendu dire à Timarque de Chéronée, comme on pourrait le traiter de fable, il vaut mieux le passer sous silence.

« — Point du tout, dit alors Théocrite. Quoique les fables ne présentent pas exactement la vérité, elles contribuent à la faire connaître. Dites-nous, d'abord, Simmias, quel était ce Timarque ; car il m'est absolument inconnu.

« — Je n'en suis pas surpris, lui dit Simmias : il est mort fort jeune ; et en mourant, il pria Socrate de l'ensevelir auprès de Lamproclès son fils, mort peu de jours auparavant, qui était de son âge, et son meilleur ami. Ce jeune homme, doué d'un naturel heureux, et qui venait d'être initié à la philosophie, désirait de savoir de quelle nature était le génie de Socrate. Il nous communiqua son dessein, à Cébès et à moi, et il descendit dans l'antre de Trophonius, après avoir rempli toutes les cérémonies d'usage. Il y passa deux nuits et un jour. Déjà on désespérait de le revoir, et ses parents pleuraient sa mort, lorsque tout à coup il reparut dès le grand matin, avec un air riant. Il rendit ses hommages au dieu ; et dès qu'il put s'échapper de la foule, il vint nous joindre, et nous dit des choses très étonnantes qu'il avait vues et entendues. Il nous dit que, lorsqu'il fut descendu dans l'antre de l'oracle, il se trouva plongé dans d'épaisses ténèbres ; il fit sa prière au dieu, et resta longtemps par terre, sans savoir bien distinctement s'il veillait ou s'il dormait. Mais il crut se sentir frappé à la tête, et ce coup fut accompagné d'un bruit assez fort. Son crâne s'ouvrit dans les sutures ; et son âme ayant quitté son corps, elle se vit avec plaisir dans un air pur et brillant. Elle parut alors respirer en liberté, après avoir été longtemps oppressée ; et sa taille s'accrut comme une voile qui est enflée par le vent. Ensuite il entendit un bruit sourd qui roulait au-dessus de sa tête, dont le son lui parut doux et agréable.

« En regardant au-dessus de lui, il ne vit plus la terre, mais des îles éclairées par un feu très doux ; elles changeaient alternativement de couleur, et par ces vicissitudes donnaient tour à tour des teintes différentes de lumière. Elles lui semblèrent d'un nombre et d'une étendue immenses, mais inégales en grandeur. Seulement elles étaient toutes de forme ronde. Il jugea que, dans leur marche circulaire, elles faisaient retentir le ciel, et que leur mouvement léger était à l'unisson avec la douceur des sons harmonieux qu'elles formaient toutes ensembles. Elles étaient environnées d'une mer ou d'un étang, dont les eaux avaient plusieurs couleurs parmi lesquelles l'azur dominait. Quelques-unes de ces îles, en petit nombre, étaient emportées au-delà du courant, et entraînaient la plupart des autres, qui paraissaient prêtes à sortir de leurs limites. La mer, en quelques endroits, était très profonde du côté du midi ; ailleurs elle avait beaucoup de basfonds ; d'un autre côté, elle se répandait sur la terre, et rentrait bientôt dans son lit, en sorte que le flux et le reflux étaient peu considérables. Entre ces couleurs, les unes étaient simples et semblables à celle de la mer, les autres étaient mélangées, et ressemblaient à celles des eaux d'un lac. Les îles qui sortaient hors de leur sphère y étaient ramenées par le courant, et leur révolution ne se terminait pas au même point où elle avait commencé, en sorte qu'elles ne formaient pas un cercle parfait, mais que, rentrant un peu sur elles-mêmes, elles décrivaient une sorte de spirale. Au milieu de ces îles, et vers la plus grande largeur de la circonférence, la mer était inclinée d'un peu moins que la huitième partie de l'univers, autant qu'il put en juger. Il y avait deux embouchures, par où elle recevait deux rivières de feu opposées l'une à l'autre, qui altéraient l'azur de ses eaux et leur donnaient une teinte blanchâtre.

« Il nous dit qu'il avait du plaisir à considérer tous ces objets, mais qu'ayant porté ses regards au-dessous de lui, il avait aperçu un vaste gouffre de forme ronde, et tel qu'un globe qu'on aurait coupé en deux. Il était très profond, et d'un aspect horrible, toujours rempli d'une vapeur ténébreuse qui était sans cesse agitée et bouillonnante. On y entendait des cris affreux et des rugissements d'animaux, des vagissements d'enfants, des lamentations confuses d'hommes et de femmes, des bruits et des clameurs de toute espèce qui s'élevaient sourdement du fond de cet abîme ; ce qui lui causa, disait-il, la plus grande frayeur. Après un certain espace de temps, quelqu'un qu'il ne voyait pas vint lui dire : Timarque, de quoi voulez-vous être instruit ? De tout, répondit-il ; car je ne vois rien ici qui ne soit admirable. Nous n'avons, répliqua l'esprit, que très peu de commerce avec les régions supérieures, elles sont l'apanage d'autres dieux ; mais, si vous le voulez, vous pouvez voir le partage de Proserpine, qui est un des quatre que nous administrons, et qui sont séparés entre eux par le Styx.

« Il demanda ce que c'était que le Styx. C'est, lui répondit-on, le chemin de l'enfer, dont l'extrémité supérieure divise les régions opposées de la lumière et des ténèbres. Il commence, comme vous voyez, au fond des enfers, et touche à la lumière, qu'il sépare, dans toute sa circonférence, de la dernière partie de l'univers. L'univers est divisé en quatre parties. La première est celle de la vie, la seconde celle du mouvement, la troisième est le siège de la génération, et la quatrième celle de la destruction. La première est liée à la seconde par l'unité, dans tout ce qui n'est pas visible. La seconde tient à la troisième par l'intelligence, dans la région solaire, et la troisième est unie à la dernière, par la nature, dans la région lunaire. Sur chacun de ces liens est assise une parque, fille de la Nécessité, avec une clef dans sa main. Le premier est occupé par Atropos, le second par Clotho, et le troisième, qui est celui de la région lunaire, par Lachésis, autour de laquelle la génération fait son cour[33] ; car les autres îles ont chacune des dieux ; mais la lune, qui est le partage des génies terrestres, fuit les bords du Styx, au-dessus duquel elle s'élève. Elle n'en approche qu'une seule fois de cent soixante-dix mesures seconde[34]. Lorsque le Styx s'élève vers la lune, les âmes crient d'effroi ; car l'enfer en absorbe plusieurs qui s'y laissent tomber, et la lune en reçoit d'autres qui nagent vers elles, quand la fin de leur génération arrive dans un moment favorable. Il faut en excepter celles qui sont impures et souillées, que la lune, par des coups de foudre et des mugissements épouvantables, force à s'éloigner d'elle. Elles déplorent leur malheur en se voyant frustrées de leur espoir, et redescendent pour recommencer, comme vous le voyez, une nouvelle génération.

« Je ne vois, lui dit Timarque, qu'un grand nombre d'étoiles qui s'agitent auprès de ce gouffre, dont les unes s'y plongent et les autres s'élancent au-dessus. Ce sont, répliqua l'esprit, les génies que vous voyez sans les connaître. Je vais vous expliquer ce qu'il en est. Toute âme est raisonnable, et il n'en est point qui soit privée de raison et d'intelligence ; mais, par une suite de son union intime avec un corps sujet aux passions, le plaisir et la douleur l'altèrent et la rendent animale. Toutes les âmes ne s'unissent pas au corps de la même manière. Les unes s'y plongent entièrement, et flottent toute leur vie au gré des passions dans un désordre général ; les autres ne s'y mêlent qu'en partie, et en séparent ce qu'elles ont de plus pur, qui, loin de se laisser entraîner par les sens, nage, pour ainsi dire, à la surface du corps, et ne touche qu'à la tête de l'homme. Tandis que ses autres facultés sont enfoncées dans le corps, cette portion plus pure plane au-dessus

---

[33] Cette vision regarde les destinées des hommes, la manière dont ils sont appelés à la vie, les divers états par où ils passent après leur mort, les expiations que les coupables subissent dans une autre vie, et les récompenses destinées à ceux qui ont bien vécu.

[34] Il s'agit ici vraisemblablement d'une mesure d'espace, qui doit se prendre sur le cercle que forme la lune dans sa révolution.

LE DÉMON DE SOCRATE

et y reste comme suspendue, tant que l'âme obéit à l'intelligence, et ne se laisse pas vaincre par les passions. Ce qui est plongé dans le corps s'appelle âme, et ce qui est exempt de corruption est nommé entendement par le vulgaire, qui croit que cette faculté est au dedans de l'homme, comme si les objets étaient dans les miroirs qui les réfléchissent. Ceux qui jugent plus sainement sentent qu'il est au dehors d'eux, et l'appellent génie.

«Pour ces étoiles qui vous paraissent s'éteindre, sachez que ce sont des âmes totalement plongées dans le corps, et celles qui semblent se rallumer et prendre leur essor, en secouant une espèce de brouillard épais, comme une fange qu'on rejette, ce sont les âmes qui, après la mort, reviennent du corps qu'elles animaient dans cette région. Pour celles qui s'élèvent dans les régions supérieures, ce sont les génies des hommes sages et prudents; tâchez de voir le lien par lequel chacun d'eux est attaché à l'âme. A ces mots, Timarque redoubla d'attention, et considéra ces étoiles, dont les unes étaient plus agitées, les autres moins, comme on voit flotter sur la mer les morceaux de liège qui sont attachés aux filets, et dont quelques-uns tournent comme des fuseaux, parce que le poisson qui s'agite dans les filets les empêche de suivre un mouvement droit et égal. La voix lui dit que les étoiles qui avaient un cours droit et réglé étaient les âmes qu'une bonne éducation et que les aliments convenables dont leur corps avait été nourri, les rendaient dociles au frein de la raison, celles dont la partie animale n'était ni trop terrestre ni trop sauvage. Celles qui erraient çà et là, emportées par un mouvement inégal et déréglé, comme des animaux qui se débattent dans les chaînes, étaient celles qui avaient à lutter contre des naturels rebelles et corrompus par une mauvaise éducation; quelquefois elles parvenaient à les dompter, et leur faisaient suivre le droit chemin; quelquefois elles étaient maîtrisées par les passions qui les entraînaient dans le vice. En d'autres occasions, elles leur résistaient avec force, et venaient à bout d'en triompher.

«Car le lien qui les attache à l'âme est comme un frein qu'on a opposé à la partie animale; et quand la raison le tire, il produit le repentir des fautes que la passion a fait commettre, la honte des plaisirs illicites et immodérés, ou le remords de l'âme qui se sent réprimée par la partie supérieure, jusqu'à ce que, cédant enfin à ces châtiments, elle soit soumise et apprivoisée, comme un animal bien docile, et que désormais, sans être frappée, sans éprouver aucune douleur, elle entende, au premier signe, les ordres de son génie. Celles-là ne parviennent que lentement et fort tard à l'état d'une entière obéissance; mais celles qui ont été soumises et obéissantes à leur génie depuis leur origine forment la classe des prophètes et des hommes inspirés par les dieux. De ce nombre était Hermodore de Clazomène, dont vous avez entendu dire que son âme se séparait de

34

son corps, errait de tous côtés la nuit et le jour, et y rentrait ensuite après avoir été témoin de bien des choses qui s'étaient dites et faites fort loin de là. Enfin il fut trahi par sa femme, et ses ennemis ayant saisi son corps pendant que son âme en était séparée ils le brûlèrent dans sa maison. Mais cette histoire n'est pas vraie. Son âme ne quittait pas son corps ; seulement elle cédait quelquefois à son génie, et, lâchant le lien qui l'attachait à lui, elle lui laissait le moyen de courir de côté et d'autre ; après quoi, il venait lui rapporter ce qu'il avait vu et entendu au dehors. Pour ceux qui brûlèrent son corps pendant qu'il dormait, ils en sont encore punis dans le Tartare. Jeune homme, tu le sauras plus certainement dans trois mois ; maintenant, retire-toi. Quand la voix eut cessé, Timarque se retourna pour voir qui lui avait parlé ; mais il sentit de nouveau un violent mal de tête, comme si on la lui eût fortement pressée, et il n'eut plus aucun discernement de ce qui s'était passé autour de lui. Revenu bientôt à lui-même, il se trouva dans l'antre de Trophonius, étendu à l'entrée, comme il l'était auparavant.

« Tel fut le récit de Timarque, qui mourut trois mois après son retour à Athènes, comme la voix le lui avait prédit. Dans la surprise que sa mort nous causa, nous racontâmes sa vision à Socrate, qui nous blâma fort de ne lui en avoir pas parlé du vivant de Timarque, parce qu'il l'aurait entendue de lui-même avec plaisir, et qu'il s'en serait fait raconter tous les détails. Vous avez entendu, Théocrite, l'histoire de Timarque ; mais ne faudrait-il pas engager Théanor à nous faire part de ce qu'il en pense ? Ce sujet ne peut qu'intéresser des hommes favorisés des dieux. »

« — Et pourquoi, dit Théanor, Épaminondas de nous en dit-il pas son sentiment, lui qui a été instruit à la même école que moi ?

« — Théanor, lui répondit mon père en souriant, mon fils est d'un caractère taciturne ; il ne parle qu'avec la plus grande réserve, et il est insatiable d'écouter et de s'instruire. Aussi Spintharus le Tarantin[35], qui a vécu assez longtemps avec lui, disait-il souvent qu'il n'avait encore vu personne qui sût davantage et qui parlât moins que lui. Dites-nous donc ce que vous pensez sur cette question.

« — Quant à moi, reprit Théanor, je crois que le récit de Timarque doit être consacré à Dieu comme quelque chose de saint et de respectable. Je serais surpris que quelqu'un refusât de croire ce que Simmias vient d'en raconter. Ne donnet-on pas des dénominations sacrées à des cygnes, à des serpents, à des chiens et à des chevaux ? Pourquoi voudrait-on refuser à certains hommes le titre de divins et de chéris des dieux ? En effet, on ne dit pas de Dieu qu'il aime les oiseaux,

---

[35] Spintharus était un philosophe pythagoricien, père et maître de cet Aristoxène connu par ses ouvrages sur la musique et par plusieurs autres.

mais on l'appelle l'ami des hommes. Un homme qui a du goût pour les chevaux ne les soigne pas tous pour cela. Il en choisit un excellent qu'il met dans un lieu séparé, qu'il exerce et qu'il monte préférablement à tous les autres. De même, les dieux choisissent dans l'espèce humaine les meilleurs esprits ; ils les marquent de leur empreinte, leur donnent l'éducation la plus soignée, et les dressent, non avec le frein et la longe, mais par l'instruction et par des signes particuliers dont le commun des hommes n'a aucune idée. Tous les chiens n'entendent pas les signes des chasseurs, ni tous les chevaux ceux des écuyers ; mais ceux d'entre ces animaux qui ont été bien dressés comprennent au moindre signe ce qu'on leur commande, et l'exécutent facilement. Homère me paraît avoir connu la différence qui se trouve à cet égard entre les hommes. Parmi les devins, il appelle les uns augures, les autres prêtres ou aruspices ; il en est d'autres qui, selon lui, reçoivent, dans l'entretien des dieux mêmes, la connaissance de l'avenir. C'est dans ce sens qu'il dit :

> Le devin Hélénus, inspiré par les dieux,
> Avait leurs volontés présentes à ses yeux.

« Hélénus dit ensuite :

> Leur voix à mon oreille a su se faire entendre.

« Les rois et les généraux d'armée font passer leurs ordres aux étrangers par des signaux de feu, par des hérauts ou par le son des trompettes ; mais ils les communiquent eux-mêmes à leurs amis et aux personnes qui ont leur confiance. De même, la divinité ne parle par elle-même qu'à un petit nombre d'hommes, encore n'est-ce que très rarement ; pour tous les autres, elle leur fait connaître ses volontés par des signes qui ont donné lieu à l'art de la divination. Il est bien peu d'hommes que les dieux honorent d'une pareille faveur, qu'ils rendent parfaitement heureux et véritablement divins. Les âmes affranchies des liens du corps et des désirs de la génération[36] deviennent des génies chargés, selon Hésiode, de veiller sur les hommes. Les athlètes, que leur grand âge a fait renoncer à toute espèce de combat, prennent encore soin de leur corps, et conservent le goût des

---

[36] D'après le système de la métempsycose, les âmes qui avaient passé une longue suite d'années dans les enfers allaient boire de l'eau du fleuve Léthé, qui leur faisait perdre le souvenir du passé ; après quoi, elles revenaient sur la terre commencer une nouvelle vie. Celles qui, par leurs vertus, avaient mérité une vie immortelle, devenaient des génies chargés de veiller aux destinées des hommes.

exercices de leur art. Ils voient même avec plaisir les autres athlètes s'exercer ; ils les encouragent, ils s'élancent en quelque sorte avec eux dans l'arène. Il en est de même de ceux qui, délivrés des combats de cette vie mortelle, ont mérité par leurs vertus d'être élevés au rang des génies. Ils ne méprisent point pour cela les choses humaines, ni les goûts et les inclinations des hommes : favorablement disposés pour ceux qui aspirent au même bonheur, ils animent leurs efforts vers la vertu. Ils les encouragent et les excitent, quand ils les voient s'approcher du terme de leur espérance, et déjà prêts à saisir le but.

« Les génies ne s'attachent pas indifféremment à tous les hommes. Des gens assis sur le rivage, et occupés à considérer des nageurs en pleine mer, se contentent de les regarder en silence, tant qu'ils les voient éloignés de la terre ; mais lorsqu'ils approchent du bord, ils vont au-devant d'eux ; ils entrent même dans l'eau, et les aident de la voix et de la main jusqu'à ce qu'ils aient gagné le rivage. Tel est, mon cher Simmias, la conduite de notre génie. Lorsqu'il nous voit plongés dans les choses d'ici-bas, passer successivement dans plusieurs corps, comme d'un vaisseau dans un autre, il nous laisse lutter tout seuls, et faire longtemps de pénibles efforts pour nous sauver par notre propre vertu, et gagner enfin le port. Mais quand une âme, dans une suite de plusieurs générations, a soutenu de longs combats, qu'elle a parcouru avec succès la carrière qu'elle avait à remplir, et qu'à travers mille peines et mille dangers, elle s'efforce de s'élever au terme où elle tend, alors Dieu ne trouve pas mauvais que son génie particulier la soutienne, et il laisse un libre cours à sa bonne volonté. Chacun de ces génies aime à seconder l'âme qui lui est confiée, et à la sauver par ses inspirations. Celle qui se tient unie à lui, et qui l'écoute, parvient à une fin heureuse ; celle qui refuse de lui obéir en est abandonnée, et ne doit rien espérer d'heureux. »

Quand Théanor eut fini de parler, Épaminondas se tourna vers moi, et me dit :

« — Caphisias, je crois qu'il est temps que vous alliez au Gymnase, pour ne pas manquer à vos associés ; en attendant, nous aurons soin de Théanor, et quand on le jugera convenable, nous prendrons congé de l'assemblée.

« — C'est ce que je vais faire, lui dis-je. Mais Théocrite, Galaxidore et moi, nous aurions un mot à vous dire.

« — Qu'ils parlent en liberté, reprit-il, je serai fort aise de les entendre. »

En même temps il se lève et nous conduit dans un des coins du Portique. Nous l'environnâmes tous pour lui persuader de s'associer à notre entreprise. Il nous répondit qu'il savait très bien le jour que les exilés devaient revenir ; que Gorgidas et lui avaient recommandé à leurs amis de se tenir prêts pour agir au besoin ; mais qu'il ne ferait mourir aucun citoyen qui n'aurait pas été jugé selon les lois, à moins qu'il n'y vît la plus grande nécessité ; que d'ailleurs il convenait pour l'intérêt général des Thébains qu'il restât quelques citoyens à qui on eût à reprocher aucun meurtre, et qui par là n'étant point suspects au peuple, pussent plus facilement lui faire goûter de bons conseils.

Tout le monde approuva son avis, et il alla rejoindre Simmias. Nous descendîmes au Gymnase, où nous trouvâmes nos amis, et là, nous étant mis deux à deux pour lutter ensemble, nous eûmes à la facilité de nous faire des questions, et de nous donner les avis et les ordres relatifs à l'exécution de notre dessein. Nous y vîmes aussi Archias et Philippe, qui, après s'être baignés, se rendaient au festin. Phyllidas, qui craignait qu'on ne fît mourir Amphithéus avant le souper, après avoir reconduit Lysanoridas, était revenu auprès d'Archias, et en lui faisant espérer l'arrivée de cette femme qu'il désirait d'avoir, il lui avait persuadé de laisser là toutes les affaires et de ne penser qu'à se divertir avec les compagnons ordinaires de ses plaisirs.

Sur le soir le froid augmenta, et il s'éleva un vent assez fort qui fit rentrer tout le monde de meilleure heure. Nous rencontrâmes Damoclidas, Pélopidas, et Théopompe, que nous prîmes avec nous ; le reste des bannis fut recueilli par d'autres conjurés. Car ils s'étaient séparés à la descente du mont Cithéron, et le froid qu'il faisait leur fournit le prétexte de se couvrir le visage et de traverser la ville sans crainte d'être reconnus. Quelques-uns d'eux, en entrant sous les portes de Thèbes, virent briller à leur droite un éclair sans tonnerre, ce qui leur parut un présage de gloire et de sûreté ; ils jugèrent que leur entreprise serait heureuse et sans danger. Nous étions tous chez Charon, au nombre de quarante-huit ; et Théocrite, seul dans une chambre, commençait le sacrifice, lorsqu'on entendit frapper rudement à la porte. Un instant après on vint dire que c'étaient deux satellites d'Archias, qui, envoyés en toute diligence vers Charon, demandaient à entrer, et murmuraient de ce qu'on les faisait attendre si longtemps.

Charon, tout troublé, commanda qu'on leur ouvrît sur-le-champ ; il alla lui-même au-devant d'eux, avec une couronne de fleurs sur la tête, comme s'il venait de sacrifier aux dieux et qu'il fût encore à table, et il leur demanda ce qu'ils voulaient.

« —Archias et Philippe, lui répondit l'un d'eux, vous mandent de venir à l'heure même leur parler. »

Charon leur ayant demandé quelle raison ils avaient de l'envoyer chercher si vite, et s'il était survenu quelque chose de nouveau :

« —Rien que je sache, lui dit le garde ; mais que rapporterons-nous aux magistrats ?

« —Dites-leur, répondit Charon, que je ne fais que poser ma couronne, prendre mon manteau et vous suivre. Si j'allais avec vous, cela pourrait causer quelque trouble, en faisant croire que vous me menez prisonnier.

«—C'est bon, répondirent les satellites; aussi bien avons-nous un ordre à porter de la part des magistrats aux gardes de la ville.»

Ils s'en allèrent, et Charon étant rentré, il nous raconta ce qu'on venait de lui dire, et nous jeta dans le plus grand trouble. Nous ne doutâmes point que nous ne fussions trahis. La plupart soupçonnèrent qu'Hipposthénide, qui avait envoyé Chlidon aux bannis pour les empêcher d'entrer dans la ville, et qui n'avait pu y réussir, voyant le moment critique approcher, avait enfin cédé à la crainte et découvert la conspiration. Il ne s'était pas rendu chez Charon avec les autres conjurés, et l'on ne douta plus qu'il n'eût abandonné et lâchement trahi ses associés.

Tout le monde cependant fut d'avis que Charon devait obéir à l'ordre des magistrats, et se rendre auprès d'eux. Alors Archidamus fit venir son fils, le plus beau des Thébains, âgé d'environ quinze ans, très adroit à tous les exercices du corps, et qui surpassait tous les jeunes gens de son âge par sa force et par la hauteur de sa taille.

«—Voilà, nous dit-il, mon fils unique, et vous savez combien il m'est cher. Je vous le remets entre les mains, en vous conjurant, au nom de tous les dieux et de tous les génies, que si vous apprenez que j'aie usé envers vous de mauvaise foi, vous le fassiez mourir sans aucun égard pour moi. Au reste, préparez-vous en gens de cœur à l'événement qui nous menace : ne livrez pas votre vie sans défense aux plus méprisables des hommes; vengez-vous d'eux, et conservez pour votre patrie toute l'énergie de votre courage.»

A ce discours, en admirant sa grandeur d'âme et la noblesse de ses sentiments, nous vîmes avec peine qu'il nous crût capables de le soupçonner, et nous le conjurâmes de faire retirer son fils.

«—Sous quelque rapport que ce soit, lui dit Pélopidas, vous avez tort de ne pas envoyer votre fils dans une autre maison. Pourquoi faut-il qu'il reste au milieu de nous, et qu'il partage nos périls ? Faites-le sortir de chez vous à l'heure même, afin que s'il nous arrive quelque malheur, il nous survive pour punir un jour les tyrans.

«— Il n'en sera pas ainsi, reprit Charon; il restera parmi nous et courra la même fortune. Il ne conviendrait pas de le laisser au pouvoir de nos ennemis. Montre, ô mon fils, une résolution au-dessus de ton âge : fais ton essai de ces combats qu'une glorieuse nécessité nous impose, et partage les périls auxquels tant de généreux citoyens vont s'exposer pour la défense de leur patrie. Il nous reste encore de grandes espérances, et je ne doute pas que Dieu ne protège ceux qui combattent pour la justice. »

Ces paroles touchantes d'Archidamus arrachèrent des pleurs à la plupart d'entre nous. Charon, sans verser une larme, sans paraître ému, remit son fils à Pélopidas, et, après nous avoir tous embrassés, il sortit en nous exhortant à la confiance. L'intrépidité du fils, sa gaieté même dans un danger si prochain, étaient encore plus admirables que le courage du père. Comme un autre Néoptolème[37], on ne le vit ni pâlir ni montrer aucune crainte ; il tira même du fourreau l'épée de Pélopidas, pour voir si elle était bien tranchante.

En ce moment Diotonus, l'un des amis de Céphisodore, entra avec son épée et une cuirasse sous sa robe. Lorsqu'il apprit que Charon avait été mandé par Archias, il nous reprocha notre lenteur et nous pressa d'aller sur-le-champ aux maisons des tyrans. Il disait qu'en tombant les premiers sur eux, on préviendrait leurs desseins ; sinon qu'il valait encore mieux les attaquer dehors, séparés et en désordre, que de les attendre renfermés dans une maison où nous serions égorgés par nos ennemis, comme de vils animaux. Le devin Théocrite nous y exhortait aussi, en nous assurant que les sacrifices étaient favorables, et qu'ils nous promettaient une entière sûreté.

Nous commencions à nous armer et à nous disposer pour l'attaque, lorsque Charon rentra d'un air joyeux, et nous regardant avec un visage riant, il nous dit d'avoir confiance ; que nous n'avions rien à craindre et que l'affaire était en bon train.

«—Lorsque Archias et Philippe, ajouta-t-il, ont su que je m'étais rendu à leurs ordres, déjà pleins de vin, et l'esprit aussi appesanti que le corps par la débauche, ils ont eu bien de la peine à se lever de table, et ils sont venus à la porte de la salle. "Charon, m'a dit Archias, on vient de nous apprendre que les bannis sont rentrés dans Thèbes et qu'ils y sont cachés. — Les nomme-t-on ? lui ai-je dit d'un air tout surpris, et dit-on où ils sont ? — Nous l'ignorons, m'a-t-il répondu, et nous vous avons mandé pour savoir si vous n'auriez rien appris de plus positif." Alors revenant un peu de ma surprise, j'ai fait réflexion que ce ne devait être qu'un bruit vague et incertain, et qu'aucun des conjurés ne nous avait trahis ; parce qu'alors ils n'auraient pas ignoré dans quelle maison les bannis étaient cachés : j'en ai conclu qu'on ne leur avait rapporté qu'un simple soupçon, une vaine rumeur qui, semée dans la ville, était parvenue jusqu'à eux. J'ai dit à Ar-

---

[37] Il s'agit ici de Néoptolème ou Pyrrhus, roi d'Épire, fils d'Achille et de Déidamie, fille de Lycomède, roi de Scyros. Après la mort de son père, il fut conduit à Troie la dernière année de la guerre ; et, quoique très jeune encore, il y soutint par ses exploits la gloire d'Achille.

chias que, du vivant d'Androclide[38], on avait souvent fait courir, sans aucun fondement, des bruits semblables qui avaient jeté le trouble dans la ville. "Pour cette fois, Archias, je n'ai rien entendu dire ; cependant, si vous l'ordonnez, j'irai m'en informer, et si j'apprends quelque chose qui mérite attention, je viendrai vous en faire part. — Sans doute, m'a dit Phyllidas ; il faut, Charon, faire à cet égard les recherches les plus exactes. Il est bon de ne rien négliger et de veiller à tout avec le plus grand soin ; on ne saurait porter trop loin la prévoyance." En même temps il a pris Archias et l'a ramené dans la salle où ils sont tous assemblés. Ne différons plus, mes amis ; partons, après avoir imploré le secours des dieux. »

A ces mots, nous faisons notre prière aux dieux, et nous nous encourageons les uns les autres. C'était l'heure où l'on a coutume de rentrer pour souper. Comme le vent était devenu plus fort et qu'il tombait de la neige mêlée d'un peu de pluie, nous trouvâmes toutes les rues désertes. Ceux qui devaient attaquer Léontide et Hypatès, dont les maisons étaient voisines, sortirent en tunique, sans autres armes que leurs épées. De ce nombre étaient Pélopidas, Damoclide et Céphysodore. Charon, Mélon et les autres chargés d'assaillir Archias avaient pris des demi-cuirasses et portaient sur leurs têtes des couronnes de pin ou de peuplier. Quelques-uns d'eux étaient habillés en femme, et contrefaisaient des gens ivres qui sortent d'une partie de débauche. Le croiriez-vous, Archidamus ! la fortune ennemie, qui semblait vouloir mettre de pair avec notre vigilance et notre audace l'indolence et la lâcheté de nos ennemis, et faire de notre entreprise une espèce de drame, qu'elle semait depuis le commencement d'épisodes les plus périlleux, la fortune, dis-je, vint traverser encore le dénouement, et nous suscita un événement inattendu qui nous mit dans le plus grand danger. Lorsque Charon, après avoir tranquillisé Archias et Philippe, fut de retour chez lui et qu'il nous disposait à l'exécution de notre entreprise, il vint d'Athènes pour le tyran Archias une lettre d'Archias l'hiérophante[39], son hôte et son ami, dans laquelle il lui mandait le retour des bannis, la conspiration qu'ils avaient formée, les noms des conjurés et la maison où ils devaient se réunir. Archias, lorsqu'il la reçut, était tout étourdi par le vin et ne pensait qu'aux femmes qu'il attendait. Le greffier ayant observé qu'il y était question d'affaires très sérieuses, il répondit : "A demain donc les affaires sérieuses," et il mit la lettre sous le chevet de son lit[40].

---

[38] Androclide était un de ceux que les tyrans avaient fait bannir de Thèbes à son de trompe. Il s'était retiré à Athènes, où les tyrans le firent tuer en trahison.

[39] L'hiérophante était le premier des ministres de Cérès et de Proserpine à Athènes. Son nom signifie celui qui montre les choses sacrées.

[40] On sait que les anciens mangeaient couchés sur des lits dont le devant était garni d'un oreiller sur lequel ils appuyaient le côté gauche, de manière qu'ils eussent le côté droit libre pour manger.

En même temps il demande à boire et envoie coup sur coup Phyllidas à la porte de la salle pour voir si les femmes n'arrivent pas.

Dans cette attente, il prolongeait le repas. Cependant, nous entrons dans la maison, et pénétrant à travers la foule des esclaves jusqu'à la salle où ils étaient, nous nous arrêtons un moment à la porte pour considérer chacun des convives. Nos couronnes et les robes de femme que nous portions trompèrent nos ennemis, et il se fit un moment de silence. Mais bientôt Mélon s'étant précipité au milieu de la salle en tenant la main à la garde de son épée, Cabirichus, qui avait été élu archonte, le saisit par le bras au moment où il passait devant lui, et s'écria : "Phyllidas, n'est-ce point là Mélon ?"

Mélon se débarrassant de lui, et tirant aussitôt son épée, se jeta sur Archias, qui avait toutes les peines du monde à se lever, et il ne cessa de le frapper que lorsqu'il l'eut achevé. Charon blessa Philippe au cou ; et comme il cherchait à se défendre avec les vases qui étaient auprès de lui, Lusithée le jeta à bas de son lit et le tua. Nous voulions adoucir Cabirichus et lui persuader qu'au lieu de secourir les tyrans, il devait concourir avec nous à mettre sa patrie en liberté, lui qui, par sa qualité de prêtre, était consacré aux dieux pour le salut public. Mais, plongé comme il était dans le vin, il n'était pas facile de lui faire goûter un avis salutaire. Il se leva sans trop savoir ce qu'il faisait, et, tout hors de lui-même, il nous présenta le fer de sa pique, que nos magistrats, selon la coutume du pays, portent toujours avec eux. Je la saisis par le milieu, et, l'élevant au-dessus de ma tête, je lui criai de la lâcher et de sauver sa vie, sinon que j'allais le tuer. Dans le même moment, Théopompe s'approcha et le perça de son épée, en lui disant : "Meurs ici avec ces tyrans dont tu fus le vil flatteur. Il ne t'appartient pas d'être couronné de fleurs, aujourd'hui que Thèbes est en liberté, ni de sacrifier aux dieux, devant qui tu as fait si souvent des imprécations contre ta patrie, en les priant pour ses ennemis." Cabirichus tomba mort, et Théocrite retira sa pique sacrée, de crainte qu'elle ne fût souillée de sang. Pour nous, après avoir tué quelques esclaves qui osèrent faire résistance, nous enfermâmes dans la salle ceux qui s'étaient tenus tranquilles, de peur qu'ils ne se répandissent dans la ville pour y porter la nouvelle de ce qui s'était passé, avant que nous eussions su si les autres conjurés avaient eu de leur côté un succès heureux.

Voici comment les choses s'étaient passées de leur côté. Pélopidas et ceux qui le suivaient s'étant approchés à petit bruit de la maison de Léontide, frappèrent à la porte et dirent à l'esclave qui vint leur parler qu'ils arrivaient d'Athènes et portaient à Léontide des lettres de Callistrate. Sur le rapport de l'esclave, Léontide lui ordonna d'ouvrir. Il eut à peine ôté le verrou et entr'ouvert la porte, que les conjurés, s'y jetant en foule, renversent l'esclave, traversent la cour et courent à la chambre de Léontide. Le tyran ayant soupçonné sur-le-champ ce que c'était, tire son épée et se met en défense. C'était un homme injuste et violent, mais aussi vigoureux de corps que d'esprit. Il ne songea pas à souffler sa lampe afin de pouvoir dans les ténèbres s'échapper à travers les conjurés, qui le distinguèrent sans peine à la faveur de la lumière. Dès que la porte fut ouverte, il frappa Céphisodore dans l'estomac, et s'attachant ensuite à Pélopidas, il appelait à grands cris ses esclaves ; mais Samidas et les autres conjurés les empêchaient d'aller à son secours ; et d'ailleurs ils n'osaient en venir aux mains avec les principaux et les plus braves d'entre les citoyens. Il y eut à la porte même, qui était fort étroite, un combat très vif entre Pélopidas et Léontide. Comme Céphisodore était étendu presque expirant entre les deux combattants, les autres conjurés ne pouvaient pas secourir Pélopidas. Mais enfin ce dernier, après avoir reçu une légère blessure à la tête, frappa Léontide à coups redoublés, et le renversa mort sur le corps encore fumant de Céphisodore, qui, voyant tomber son ennemi, tendit la main à Pélopidas, dit adieu aux autres conjurés et mourut satisfait. Cette première attaque terminée, ils courent chez Hypatès, où on leur ouvrit aussi la porte, et comme il cherchait à se sauver par le toit dans la maison voisine, ils l'atteignirent et le massacrèrent ; de là ils vinrent nous rejoindre, et nous nous réunîmes tous le long du Portique.

Là, après nous être mutuellement embrassés et avoir conféré ensemble, nous nous rendîmes à la prison. Phyllidas fit venir le geôlier et lui dit qu'Archias et Philippe lui ordonnaient de leur amener sur-le-champ Amphithéus. Le geôlier réfléchissant combien l'heure était indue, frappé d'ailleurs de l'altération de voix de Phyllidas, qui, tout échauffé du combat et hors de lui-même, n'avait pu lui parler tranquillement, soupçonna de la fraude. "Quand est-ce, dit-il à Phyllidas, que les polémarques ont envoyé chercher un prisonnier à une telle heure, et surtout par un homme de votre rang ? Quel mot du guet m'apportez-vous ?" Comme il parlait encore, Phyllidas perça ce scélérat d'une longue javeline et l'étendit par terre. Le lendemain, les femmes firent mille insultes à son cadavre. Pour nous, ayant forcé les portes de la prison, nous appelâmes d'abord Amphithéus et ensuite ceux des prisonniers avec qui nous étions plus liés. Ils reconnurent nos voix, se levèrent aussitôt de leurs lits pleins de joie, et vinrent à nous en traînant leurs chaînes. Ceux dont les pieds étaient enfermés dans des fers nous tendaient les mains et nous conjuraient de ne pas les abandonner. Pendant que nous les détachions, plusieurs des citoyens qui demeuraient auprès de la prison ayant appris ce qui venait de se passer, accoururent pleins de joie. Les femmes, à mesure qu'elles étaient informées de l'événement, sans être retenues par les mœurs du pays[41], couraient les unes chez les autres, et en demandaient les détails aux personnes qu'elles rencontraient. Les unes trouvaient leurs maris, d'autres leurs pères, et elles les suivaient, sans que personne les en empêchât. Au contraire, tout le monde était touché de la plus vive compassion en voyant les pleurs, en entendant les supplications de ces chastes femmes.

Les choses étaient dans cet état lorsque j'appris qu'Épaminondas et Gorgidas s'étaient rassemblés avec leurs amis au temple de Minerve, et j'allai les y joindre. Un grand nombre de bons citoyens s'y rendit aussi, et la foule devenait à chaque instant plus grande. Je leur racontai les détails de la conspiration, et je les exhortai à se rendre sur la place publique pour concourir à l'entière exécution de l'entreprise. Alors, sans balancer, ils appelèrent à grands cris les citoyens à la liberté. A mesure que la foule se rendait auprès de nous, nous lui donnions des armes qu'on prenait dans les temples parmi les dépouilles des ennemis et dans les ateliers des armuriers voisins. Hipposthénide y vint aussi avec ses amis et ses esclaves, et nous amena des trompettes qui étaient venus par hasard pour la fête d'Hercule. Aussitôt ils sonnèrent l'alarme, les uns sur la place, les autres dans les différents quartiers de la ville, afin d'épouvanter les ennemis et de leur faire croire que toute la ville était soulevée. Ceux qui suivaient le parti des Lacédémoniens s'enfuirent dans la Cadmée avec les citoyens qu'on appelait les meilleurs, et qui, la nuit, faisaient ordinairement la garde autour de la citadelle. Les soldats de la garnison qui l'occupaient, voyant leurs partisans accourir tout troublés et en désordre, et nous en armes sur la place publique, tandis que l'alarme et le tumulte étaient dans la ville, n'osèrent pas descendre, quoiqu'ils fussent environ cinq mille hommes. Étourdis par le danger, ils s'en rapportaient à Lysanoridas, qui ne voulut rien risquer, parce qu'il attendait ce jour-là même un nouveau renfort de Sparte. Aussi, dans la suite, les Lacédémoniens, lorsqu'ils furent instruits du fait, le condamnèrent à l'amende et firent mourir les autres harmostes, qu'ils obligent les Corinthiens de leur livrer[42]. Ils nous rendirent la citadelle à composition et en retirèrent la garnison.

---

[41] Qui ne permettaient pas aux femmes de sortir seules dans les rues, et surtout la nuit.

[42] Les Spartiates donnaient aux commandants des villes le nom d'harmostes, ou modérateurs, parce que leurs fonctions étaient de tout concilier, de tout contenir dans l'ordre. Dans la *Vie de Pélopidas*, Plutarque ne dit point si les deux autres capitaines s'étaient retirés à Corinthe, et si les Spartiates se les firent livrer par les Corinthiens. Ici le texte, qui sûrement est encore altéré, dit que Lysanoridas fut mis à mort après avoir été ramené de Corinthe. Mais nous avons rapporté, d'après Plutarque lui-même dans son Pélopidas, qu'il n'avait été que condamné à l'amende ; ainsi la peine de mort ne regarde que les deux autres capitaines ; et ce qu'il raconte dans ce traité doit être corrigé d'après le récit qu'il fait dans la *Vie de Pélopidas*, dont on voit que celui-ci n'est qu'une copie.

APULÉE
LE DÉMON DE SOCRATE

Platon a divisé en trois tout ce qui est dans la nature, et particulièrement les êtres animés, et il a cru qu'il y avait des dieux supérieurs, d'autres inférieuss, et d'autres qui tiennent le milieu ; et l'on doit concevoir qu'ils diffèrent entre eux, non seulement par la distance des lieux qu'ils habitent, mais aussi par l'excellence de leur nature ; ce qui ne se connaît pas par une seule ou par deux raisons, mais par un fort grand nombre.

Pour plus de netteté, Platon commence par leur différente situation. Il a assigné le ciel aux dieux immortels, comme il convient à la dignité de leur essence, et ces dieux célestes nous sont connus, les uns seulement par les yeux de l'entendement ; et les autres par les yeux corporels.

> Flambeaux de l'univers, toujours vifs et brillants,
> Vous qui réglez le cours des saisons et des ans[43].

Nous voyons non seulement ces dieux suprêmes ; le soleil, père du jour, et la lune rivale du soleil et l'honneur de la nuit. Soit qu'elle répande une lumière différente suivant qu'elle paraît, en croissant, à moitié, aux trois quarts, ou dans son plein, plus lumineuse à mesure qu'elle s'éloigne du soleil, et marquant les mois de l'année par son croissant et son décours toujours égaux, soit que sa blancheur lui soit propre, ainsi que le croyent les Chaldéens, et qu'ayant une moitié lumineuse et l'autre qui ne l'est pas, elle nous paraisse ainsi changeante, à cause de la circonvolution de son disque mi-partie, soit que n'ayant aucune blancheur d'elle-même, elle ait besoin d'une lumière étrangère, et qu'étant un corps opaque et poli comme une espèce de miroir, elle reçoive les rayons du soleil, tantôt obliquement, et tantôt directement, et que, pour me servir de l'expression de Lucrèce,

> Son corps répande une fausse lumière ;

sans m'arrêter à examiner ici, laquelle de ces deux opinions est la véritable, il est certain qu'il n'y a point de Grec ni de Barbare qui ne conjecture facilement que la lune et le soleil sont des dieux ; et non seulement ces deux astres,

---

[43] Virg. au premier liv. des *Géorgiques*.

LE DÉMON DE SOCRATE

mais aussi ces cinq étoiles que le vulgaire appelle errantes, qui néanmoins par des mouvements certains et invariables font éternellement leur cours divin avec un ordre merveilleux. Elles ne suivent pas à la vérité la même route les unes et les autres ; mais toutes, avec une égale rapidité, font voir, par leurs admirables changements, tantôt leurs progressions, et tantôt leurs rétrogradations, selon, la situation, la courbure et l'obliquité des cercles qu'elles décrivent, qui sont parfaitement connus par ceux qui sont versés dans la connaissance du lever et du coucher des signes du zodiaque.

Vous qui suivez les sentiments de Platon mettez au nombre de ces dieux visibles,

Les Hyades[44], l'Arcture avec l'une et l'autre Ourse[45].

Aussi bien que ces autres dieux brillants, qui dans un temps serein embellissent la céleste cour, lorsque la nuit étale les tristes et majestueuses beautés dont elle a coutume de se parer, et que nous voyons, comme dit Ennius, «les gravures éclatantes et diversifiées de ce parfait bouclier du monde».

Il y a une autre espèce de dieux que la nature a refusée à nos regards, et que cependant notre imagination nous représente avec admiration lorsqu'avec attention nous les considérons des yeux de l'esprit. En voici douze qu'Ennius a exprimés en deux vers latins,

Juno, Vesta, Minerva, Cérès, Diana, Venus, Mars,
Mercurius, Jovi, Neptunus, Vulcanus, Apollo,

sans les autres de même nature, dont les noms sont depuis longtemps assez familiers à nos oreilles, et dont notre esprit conçoit les différents pouvoirs par les divers bienfaits qu'on en reçoit ici-bas dans les choses que chaque divinité gouverne.

Au reste, ce grand nombre de profanes que la philosophie rejette, qui n'ont nulle connaissance des choses saintes, que la raison n'éclaire point ; ces hommes, dis-je, sans religion, et incapables de parvenir à la connaissance de la vérité, déshonorent les dieux par un culte scrupuleux, ou par un mépris insolent, la superstition causant la timidité des uns, et l'impiété, l'arrogance et la fierté des autres. Il y en a beaucoup qui révèrent tous ces dieux qui sont dans le ciel, loin

---

[44] Ce sont sept étoiles qui sont à la tête du Taureau.
[45] L'étoile qui est la queue de la grande Ourse.

du commerce des hommes, mais ils les honorent par un culte illégitime ; tous les craignent, mais d'une crainte grossière et ignorante ; quelques-uns, en petit nombre, nient leur existence, mais avec la dernière impiété.

Platon croit que ces dieux sont des substances immatérielles, animées, sans commencement ni fin, qui ont existé de toute éternité, et qui existeront éternellement, distinguées de la matière par leur propre essence, jouissantes de la suprême félicité due à leur nature intelligente, bonnes sans la communication d'aucun bien externe, mais par elles-mêmes, et qui ont facilement, simplement, librement, et parfaitement tout ce qui leur convient.

Le père de ces dieux, est le souverain seigneur et créateur de tous les êtres ; il est dégagé de la nécessité d'agir ou de rien souffrir, et n'est soumis à aucun soin. Mais pourquoi voudrais-je en parler présentement, puisque Platon, qui était doué d'une éloquence divine, et dont les raisonnements, étaient dignes des dieux immortels, assure très souvent que l'immense et ineffable grandeur de cette divinité est tellement au-dessus de nos conceptions, que tous les discours humains n'ont point d'expressions qui puissent même en donner la moindre idée ; qu'à peine les sages peuvent parvenir à la connaissance de ce dieu, lors même que leur âme, détachée pour ainsi dire de leur corps, s'élève à la plus haute contemplation, et qu'enfin ils n'aperçoivent quelquefois quelques rayons de sa divinité, que comme on voit un éclair qui brille un instant au milieu d'une épaisse obscurité ?

Je passerai donc sous silence cet endroit, où non seulement je manque de termes pour exprimer dignement un si grand sujet, mais même où Platon mon maître en a manqué, et je n'en dirai pas davantage sur une matière qui est infiniment au-dessus de mes forces. Je descendrai du ciel sur la terre, où l'homme tient le premier rang entre les animaux, quoique la plupart des hommes corrompus, faute d'une bonne éducation, imbus de mille erreurs, et noircis de crimes affreux, aient presqu'entièrement étouffé la douceur de leur naturel, et soient devenus si féroces, qu'on peut dire que l'homme s'est rendu le plus méprisable de tous les animaux : mais il n'est pas question présentement de discourir des erreurs, il s'agit de la division de la nature.

Les hommes sont sur la terre doués de raison et de l'usage de la parole ; ils ont une âme immortelle, enveloppée d'une matière périssable : leur esprit est inquiet et léger, leur corps est terrestre et infirme, leurs mœurs sont différentes, leurs erreurs sont semblables, toujours entreprenants, espérant jusqu'au dernier soupir, travaillant vainement, sujets aux caprices de la fortune, et enfin tous soumis à la mort. Éternels cependant dans leur espèce, ils changent seulement en ce qu'ils se succèdent les uns aux autres en fort peu de temps. Ils n'acquièrent la prudence que bien tard, et trouvent bientôt la fin d'une vie qu'ils passent dans des misères continuelles.

Vous avez donc deux espèces d'êtres animés, les dieux qui diffèrent infiniment des hommes par l'élévation de leurs demeures célestes, par l'éternité de leur vie et la perfection de leur nature, n'ayant nulle communication prochaine avec les hommes, puisqu'ils en sont séparés par un si grand espace ; outre que la vie dont ils jouissent, ne souffre jamais la moindre altération et est éternelle ; qu'ici-bas celle des hommes s'écoule et trouve sa fin, et que les esprits des dieux sont élevés à la félicité, et ceux des hommes abattus dans les calamités.

Mais quoi ! Est-ce que la nature ne s'est point unie elle-même par quelqu'enchaînement ? A-t-elle voulu se diviser entre les dieux et les hommes, et demeurer, pour ainsi dire, interrompue et imparfaite ? Car, comme dit le même Platon, aucun dieu ne converse avec les hommes, et c'est une des plus grandes preuves de leur dignité, de ce qu'ils ne se souillent point par aucun commerce avec nous. On en voit quelques-uns faiblement, j'entends les astres ; et les hommes sont encore incertains de leur grandeur et de leur couleur. Les autres ne se connaissent que par l'entendement et même avec beaucoup de peine ; ce qui, sans doute, n'est pas surprenant dans les dieux immortels, puisque même parmi les hommes, celui qui, par les faveurs de la fortune, se trouve élevé sur le trône chancelant d'un empire, se laisse difficilement aborder, et passe sa vie sans témoins, et caché dans le sanctuaire de sa grandeur ; car la familiarité fait naître le mépris, et la rareté excite l'admiration.

Que faut-il donc faire, me dira quelqu'orateur, suivant votre opinion, qui a quelque chose de divin, à la vérité, mais en même temps de fort cruel, s'il est vrai que les hommes soient absolument bannis du commerce des dieux immortels ; si, relégués ici bas sur la terre, toute communication leur est interdite avec les habitants des cieux, et s'il est vrai qu'au lieu que le berger visite ses troupeaux et l'écuyer ses haras, nul d'entre les dieux ne vient visiter les hommes pour réprimer la férocité des méchants, rendre la santé aux malades, et secourir ceux qui sont dans la nécessité ? Aucun dieu, dites-vous, ne se mêle des choses humaines. A qui donc adresserai-je mes prières ? A qui ferai-je des Vœux ? A qui immolerai-je des victimes ? Qui invoquerai-je dans tout le cours de ma vie comme le consolateur des malheureux, l'ami des bons, l'ennemi des méchants ? Enfin, qui prendrai-je à témoin de mes serments ? Dirai-je comme Iülus dans Virgile[46] : « Je jure par cette tête par laquelle mon père faisait ordinairement son serment ! » ? Mais Iülus, Énée votre père pouvait bien jurer ainsi parmi les Troyens ses compatriotes, et

---

[46] Liv. 9 de l'*Énéide*.

peut-être même parmi les Grecs qu'il connaissait par les batailles où il s'était trouvé contre eux : cependant, si, entre les Rutulois qu'il n'y a pas longtemps que vous connaissez, il ne s'en trouve aucun qui ajoute foi au serment que vous faites sur cette tête, quel dieu répondra pour vous ? Sera-ce votre bras et votre javelot, comme au féroce Mézence, qui ne jurait jamais que par ce qui lui servait à combattre.

> Ce dard et cette main sont mes uniques dieux[47].

Loin, ces dieux si cruels ! Une main lasse de meurtres, un javelot rouillé par le sang, ni l'un ni l'autre n'est digne que vous l'invoquiez, et que vous juriez par eux, puisque cet honneur n'est dû qu'au plus grand des dieux, et même, comme dit Ennius, le jurement s'appelle « le serment de Jupiter[48] ».

Que me conseillez-vous donc ? Jurerai-je, tenant un caillou à la main, qui représente Jupiter, suivant l'ancienne coutume des Romains ? Certainement si l'opinion de Platon est véritable que les dieux n'ont aucun commerce avec les hommes, cette pierre m'entendra plus facilement que Jupiter : mais cela n'est pas vrai, car Platon vous répondra sur son opinion par ma bouche. Je ne prétends pas, dit-il, que les dieux soient si éloignés et si différents de nous, que nos prières ne puissent parvenir jusqu'à eux, car je ne leur ôte pas le soin, mais seulement l'administration des affaires d'ici-bas. Au reste il y a de certaines puissances moyennes qui habitent cet intervalle aérien qui est entre le ciel et la terre, par le moyen desquelles nos vœux et nos bonnes actions passent jusques aux dieux. Ces puissances que les Grecs nomment démons, qui sont entre les habitants de la terre et des cieux portent les prières et les supplications, et rapportent les secours et les bienfaits, comme des espèces d'interprètes et d'ambassadeurs entre les hommes et les dieux ; c'est par leur ministère (comme dit Platon dans son *Banquet*) qu'arrivent toutes les révélations et les présages, de quelque nature qu'ils puissent être, aussi bien que les divers miracles que font les magiciens ; car chacun de ces démons ou esprits, prend soin des choses qui regardent l'emploi qui lui est assigné, soit en faisant naître des songes, en disposant les entrailles des victimes, en gouvernant le vol ou le chant des oiseaux, en inspirant les prophètes, en faisant briller les éclairs dans les nues, ou en lançant la foudre ; en un mot en dirigeant tout ce qui sert à connaître l'avenir. Et on doit être persuadé que toutes ces choses s'exécutent par la puissance, la volonté et le commandement

---

[47] Liv. 10 de l'*Énéide*.
[48] Jusjurandum quasi Jovis jurandum.

des dieux, mais par la médiation et le ministère des démons ; car c'est par leur entremise qu'Annibal est menacé en songe de perdre la vue, que les entrailles des victimes annoncent à Flaminius la défaite de son armée, que les augures font connaître à Attius Navius qu'il peut faire le miracle de couper avec un rasoir une pierre à aiguiser. C'est par eux que certains signes prédisent à quelques-uns leur avènement à l'empire, qu'un aigle vient couvrir la tête du vieux Tarquin, que celle de Servius Tullius paraît tout en feu : enfin, toutes les prédictions des devins, les expiations des Étruriens, les lieux frappés de la foudre, les vers des Sybilles, et généralement toutes les choses de cette nature, sont, comme je l'ai dit, les ouvrages de certaines puissances qui tiennent le milieu entre les hommes et les dieux. Car il ne convient pas à la dignité des dieux du ciel qu'aucun d'entre eux représente des songes à Annibal, ôte des mains des prêtres la victime qu'immolait Flaminius, conduise le vol des oiseaux que consultait Attius Navius, mette en vers les oracles des Sybilles, découvre la tête de Tarquin, et la recouvre aussitôt, ou environne de flammes celle de Servius, sans la brûler ; les dieux suprêmes ne daignent pas s'abaisser à ces occupations, c'est là l'emploi de ces dieux mitoyens qui habitent tout cet espace aérien, qui est entre le ciel et la terre, de la même manière que les animaux qui sont ici-bas, habitent les lieux différents, suivant la différence de leur nature, qui destine les uns à marcher sur la terre, et les autres à voler dans l'air. Car, puisqu'il y a quatre éléments que tout le monde connaît, qui divisent la nature, pour ainsi dire, en quatre grandes parties, et qu'il y a des animaux particuliers à la terre et d'autres au feu, suivant Aristote qui assure que certains animaux ailés volent dans les fournaises ardentes, et passent toute leur vie dans le feu, naissent avec lui et meurent lorsqu'il s'éteint ; puisque d'ailleurs, ainsi que je l'ai dit ci-devant, nous voyons tant d'astres différents au-dessus des airs (c'est-à-dire dans le feu élémentaire), pourquoi la nature laisserait-elle ce quatrième élément de l'air, qui est si vaste, vide de toutes choses et sans habitants ? Pourquoi ne s'engendrerait-il pas aussi bien des êtres animés dans l'air que dans le feu, dans l'eau et dans la terre ? Car vous pouvez assurer que ceux qui croient que les oiseaux sont les habitants de l'air se trompent extrêmement, puisqu'aucun oiseau ne s'élève plus haut que l'Olympe, qui est de toutes les montagnes la plus élevée, et qui cependant, selon les géomètres, n'a pas dix stades de hauteur perpendiculaire, et qu'il y a un si prodigieux espace d'air, jusqu'au ciel de la lune où commence le feu élémentaire.

Quoi donc ! cette grande quantité d'air qui s'étend depuis la lune jusqu'au sommet du mont Olympe, n'aura-t-elle point d'êtres particuliers ? Et cette partie de l'univers sera-t-elle impuissante et inanimée ? Car, si vous y prenez garde, les oiseaux sont plutôt des animaux terrestres qu'aériens, puisqu'ils passent leur vie sur la terre, qu'ils y prennent leur nourriture, qu'ils y reposent et qu'ils ne sont aériens que parce qu'en volant ils traversent l'air qui est voisin de la terre : au reste, lorsque leurs ailes qui leur servent de rames sont fatiguées, la terre est pour eux comme un port où ils prennent du repos.

Si la raison demande donc évidemment qu'on conçoive qu'il doit y avoir dans l'air des êtres animés qui lui soient particuliers, il ne nous reste plus qu'à examiner, de quelle espèce et de quelle nature ils sont. Ils ne sont point terrestres en aucune manière parce que leur propre poids les ferait descendre sur terre ; aussi ne sont-ils point ignés, crainte que par leur chaleur ils ne s'élevassent jusqu'à la sphère du feu élémentaire. Formons donc des êtres d'une nature mitoyenne et conforme à la nature du lieu qu'ils habitent : il faut pour cela nous imaginer et représenter à notre esprit des corps constitués de manière qu'ils ne soient pas si pesants que ceux qui sont terrestres, ni si légers que les célestes, mais qui soient en quelque façon différents des uns et des autres, ou bien qui tiennent de tous les deux, soit qu'ils n'aient rien de commun avec eux, soit qu'ils participent de la nature des uns et des autres ; ce qui est à la vérité plus facile à concevoir ainsi que de l'autre manière.

Il faut donc que les corps de ces démons aient en même temps quelque pesanteur qui les retienne pour ne pas être élevés en haut, et quelque légèreté qui les soutienne pour ne pas tomber en bas. Mais afin que vous ne pensiez pas que j'imagine des choses incroyables, à la manière des poètes, je commencerai par vous donner un exemple de cet équilibre ; car les nuées sont à peu près semblables à la légèreté des corps de ces démons, si elles n'avaient absolument aucune pesanteur, on ne les verrait jamais comme nous les voyons fort souvent abaissées au-dessous du sommet d'une haute montagne, l'entourer comme une espèce de collier. Au reste, si leur densité et leur pesanteur étaient telles qu'elles ne fussent tempérées par aucune légèreté qui les soutînt, il est certain que, d'elles-mêmes, elles tomberaient violemment contre terre, ainsi que pourrait le faire une pierre ou une masse de plomb. Mais on les voit suspendues et mobiles dans cette mer aérienne, aller de côté et d'autre suivant qu'elles sont poussées par les vents, changeant peu à peu de figure à mesure qu'elles s'approchent ou qu'elles s'éloignent, car si elles sont trop pleines d'eau, elles s'abaissent pour produire de la pluie. Ainsi plus les nuages sont chargés d'humidité, plus on les voit, noirs et épais, s'approcher doucement de la terre ; et moins ils sont chargés, plus on les voit, brillants et semblables à des pelotons de laine, s'élever rapidement en haut. N'entendez-vous point ce que Lucrèce dit si élégamment sur le tonnerre :

Cet effroyable bruit qu'excite le tonnerre,

> N'est que l'effet commun des vapeurs de la terre ;
> Et qu'un amas confus de nuages ardents,
> Qui se heurtent et s'échauffent, agités par les vents[49].

Si les nuées qui proviennent de la terre et qui y retombent, volent dans les airs, que pensez-vous enfin des corps des démons, qui sont d'une matière infiniment plus subtile et moins condensée ? Car ils ne sont point composés de la matière noire et impure dont les nuages sont formés, mais du plus clair, du plus fluide et du plus pur de l'élément de l'air ; ce qui fait qu'il n'est pas aisé à aucun homme de les voir, à moins qu'ils ne se rendent visibles par l'ordre des dieux, parce que leurs corps n'ont aucune solidité terrestre, qui occupe la place de la lumière, qui puisse s'opposer à nos yeux, et où, les rayons de notre vue venant à heurter, s'arrêtent nécessairement. Mais ils sont d'une matière rare, brillante et subtile, de manière que ces mêmes rayons les pénètrent à cause de leur peu de densité, que leur éclat nous éblouit, et que nos regards ne peuvent avoir de prise sur eux, à cause de la subtilité de la matière dont ils sont formés.

C'est ainsi que la Minerve d'Homère descend, par l'ordre de Junon au milieu des Grecs, pour modérer le courroux d'Achille,

> Présente à ses regards, pour tout autre invisible.

C'est ainsi que, dans Virgile, Juturne se trouve au milieu d'une nombreuse armée pour secourir son frère :

> Au milieu des soldats, nul ne la saurait voir,

par une raison différente de celle du soldat fanfaron de Plaute, qui se vante qu'avec son bouclier il éblouissait les yeux de ses ennemis.

Mais, pour ne pas m'étendre davantage sur de pareils exemples, les poètes (en quoi ils ne s'éloignent pas de la vérité) feignent qu'il y a des Dieux, du nombre de ces Démons, qui ont de la haine pour de certains hommes et de l'amitié pour d'autres. Ils prétendent qu'ils donnent aux uns de l'élévation dans le monde et les rendent heureux, qu'ils abaissent les autres et les accablent de disgrâces. Il s'ensuit de là que ces dieux sont susceptibles de pitié, de colère, de tristesse et de joie, qu'ils éprouvent les divers changements de l'esprit humain, et qu'ils sont

---

[49] Lucrèce, liv. 6.

exposés à tous les orages de cette mer tumultueuse de pensées, où flottent notre cœur et notre esprit.

Ces troubles et ces tempêtes sont bien opposés à la tranquillité des dieux célestes ; car tous ces habitants des cieux ont toujours l'esprit dans le même état et dans une perpétuelle égalité : il n'est jamais ébranlé de sa situation ordinaire, ni par la douleur, ni par le plaisir, et jamais son éternelle et permanente disposition n'est sujette à aucun changement subit, soit par l'impression de quelque puissance étrangère, parce que rien n'est plus puissant que Dieu ; soit par son propre mouvement, parce que rien n'est plus parfait que Dieu. En effet, comment celui qui change d'un premier état à un autre meilleur, peut-il être estimé parfait, d'autant plus principalement qu'il n'y a personne qui, par son propre choix, prenne une nouvelle situation, à moins qu'il ne soit las et ennuyé de celle où il était auparavant ; car ce changement d'action ne peut point avoir son effet sans la destruction de ce qui le précédait ? C'est pourquoi Dieu ne doit faire aucune fonction temporelle, soit en donnant du secours, ou en marquant de l'affection : ainsi, il ne doit ressentir ni la colère, ni la pitié ; il ne peut être agité ni par la tristesse, ni par la joie, mais libre et dégagé de toutes les passions de l'esprit, rien ne peut jamais l'affliger ni le réjouir, et il n'est point sujet à avoir aucun désir, ou aucune aversion subite pour quoi que ce puisse être.

Mais toutes ces choses, et les autres semblables, conviennent à l'état mitoyen des démons ; car ils tiennent le milieu entre les dieux et nous, aussi bien par la nature de leur substance, que par l'espace qu'ils habitent, étant immortels comme eux et sujets aux passions comme nous. Ainsi, toutes les affections qui ébranlent l'âme ou qui l'apaisent leur sont communes avec les hommes. La colère les irrite ; la pitié les fléchit ; on les gagne par des offrandes ; on les adoucit par les prières ; le mépris les révolte ; le respect les réconcilie, et les mêmes mouvements qui causent nos altérations, produisent leurs inégalités.

Enfin pour les définir exactement, on peut dire que les démons sont des êtres animés, dont l'esprit est raisonnable, l'âme passive, le corps aérien, et la durée éternelle. De ces cinq attributs, les trois premiers sont les mêmes que les nôtres : le quatrième leur est propre, et le dernier leur est commun avec les dieux, mais ils diffèrent d'eux par les passions. C'est pourquoi je crois avoir eu raison de dire que leur âme est passive[50], puisqu'en effet elle souffre les mêmes agitations que la nôtre ; ce qui prouve combien les différents cultes et les diverses expiations qui se pratiquent dans la religion sont raisonnables ; car dans le nombre de cette espèce de divinités différentes, à qui nous adressons nos vœux, nos victimes, nos

---

[50] Au sens étymologique : capable de souffrance, capable d'impressions (NDE).

offrandes, les uns se plaisent aux cérémonies nocturnes, les autres à celles qui se pratiquent le jour ; ceux-là veulent un culte caché, ceux-ci un culte public ; la joie convient aux uns, la tristesse aux autres. Ainsi les Égyptiens honorent les leurs par des gémissements, les Grecs par des danses, et les Barbares par le son des instruments. De même voyons-nous que toutes les autres choses qui ont rapport aux cérémonies religieuses, les assemblées, les mystères, les emplois des prêtres, les devoirs des sacrificateurs, même les images des dieux, les ornements, le culte de leurs temples, le choix et la couleur des victimes : toutes ces choses, dis-je, ont leurs différences suivant la diversité des pays, et tirent leur solennité de l'usage des lieux où elles sont pratiquées, comme on le peut voir à la colère que ces dieux font éclater dans les songes, dans les prédictions, ou dans les oracles, lorsque par mépris ou par négligence nous avons omis quelque circonstance dans leurs cérémonies.

J'en pourrais citer une infinité d'exemples, mais ils sont si connus et en si grand nombre, que tous ceux qui ont voulu les recueillir jusqu'à présent, en ont beaucoup plus omis qu'ils n'en ont dit. C'est pourquoi je ne m'amuserai point à rapporter ces sortes de choses, que personne n'ignore, quoique tout le monde n'y ajoute pas foi : j'aime mieux discourir des différentes espèces de démons dont les philosophes font mention, parce que cette énumération nous conduira à une connaissance plus distincte du pressentiment de Socrate et de son génie ou démon familier ; car l'âme de l'homme, dans le temps même qu'elle est dans son corps, peut en un sens être appelée un démon ou un Dieu.

> Cette ardeur, ces transports nous viennent-ils des cieux
> Ou de nos passions nous faisons-nous des dieux[51] ?

Ainsi donc une bonne inspiration est un bon démon, et comme nous l'avons dit, les bienheureux sont appelés gens dont le démon est bon, pour signifier que leur âme est douée de toutes sortes de vertus. C'est ce que j'appelle en notre langue GÉNIE, sans pouvoir répondre pourtant que ce terme réussisse : je l'appelle ainsi, parce que ce génie, qui n'est autre chose que notre âme, quoiqu'il soit immortel, est en quelque façon engendré[52] avec nous ; de sorte que cette expression, dont nous nous servons communément : « Je vous conjure par votre génie et par vos genoux que j'embrasse », me paraît exprimer parfaitement le sentiment que

---

[51] Nisus à Eurialus, Liv. 9 de l'*Énéide*.
[52] *Genius*, a *genendo*.

nous avons du rapport et de l'union étroite de notre âme avec notre corps, dont l'assemblage nous fait ce que nous sommes.

Nous appelons encore démon, dans une autre signification, cette même âme affranchie et délivrée des liens du corps, quand le cours de notre vie est achevé ; c'est ce que les anciens Latins ont appelé *Lémures*. Or entre ces derniers, ceux qui prenant soin de leur postérité, s'attachent au gouvernement de nos familles, et y entretiennent la paix et la tranquillité, s'appellent Lares ou dieux familiers. Ceux qui, au contraire, pour avoir mal vécu sur la terre, n'ont aucune demeure certaine, et sont condamnés à une vie errante et vagabonde, n'ont d'autre emploi que d'effrayer les bons, et de tourmenter les méchants : ceux-là, dis-je, sont appelés Larves, ou fantômes. Mais comme il est impossible de deviner la destinée de chacun d'eux en particulier, et de discerner les Lares d'avec les Larves, on les honore les uns et les autres, sous le nom général de dieux manes, ce titre de dieux étant ajouté par respect ; car, à proprement parler, nous ne devons reconnaître pour dieux que ceux qui, s'étant gouvernés pendant leur vie selon la prudence et l'équité, sont révérés comme tels parmi les hommes, et célébrés par des temples et par des fêtes, comme Amphiaraüs dans la Béotie, Mopsus en Afrique, Osiris en Égypte, celui-ci chez un peuple, celui-là chez un autre et Esculape chez toutes les Nations.

Mais cette division regarde des âmes qui ont autrefois habité des corps humains ; car il y a des dieux d'une autre espèce, et pour le moins en aussi grand nombre, qui les surpassent de beaucoup en dignité, et qui ayant toujours été affranchis des entraves et des liens du corps mortel, ont une puissance plus étendue, envers lesquels le sommeil et l'amour ont deux facultés opposées, l'amour celle de réveiller, et le sommeil celle d'assoupir.

Dans cette nombreuse troupe de génies sublimes, Platon prétend que chaque homme a le sien, arbitre souverain de sa conduite, toujours invisible et assidu, témoin non seulement de ses actions, mais de ses plus secrètes pensées. Et quand, après la mort, nous paraissons en jugement devant les dieux, c'est ce même génie, à la garde duquel l'homme fut constitué, qui s'en saisit pour le conduire devant son Juge, et là présent aux discours que nous faisons pour notre défense, il nous reprend lorsque nous avançons quelque mensonge, il jure pour nous, quand nous disons la vérité, et c'est sur son témoignage que notre sentence nous est prononcée.

C'est pourquoi, vous à qui j'expose ces divins mystères de Platon, réglez sur ce principe toutes vos actions et toutes vos pensées, et songez qu'il ne le passe rien, ni au-dedans ni au-dehors de votre âme, dont ce génie tutélaire ne soit le témoin ; qu'il examine tout, qu'il voit tout, qu'il entend tout, et qu'il pénètre jusque dans les replis les plus cachés de votre cœur, comme votre conscience même. Ce génie, dis-je, nous tient en sa garde ; ce gouverneur propre et particulier à chacun de nous, inspecteur domestique, observateur assidu et inséparable de toutes nos actions, ne fait nulle grâce aux mauvaises, comme il ne fait point d'injustice aux bonnes. Appliquez-vous à le connaître, à le cultiver, et à le rendre propice, comme Socrate, par la justice et par l'innocence de vos mœurs, et alors il vous aidera de sa prévoyance dans les choses que vous ignorez, de ses conseils dans vos irrésolutions, de ses secours dans vos périls, et de son assistance dans vos adversités ; tantôt dans vos songes, tantôt par des signes visibles, quelquefois même en se manifestant à vous, quand il sera nécessaire, il vous donnera les moyens de prévenir les maux, d'attirer les biens, de vous relever dans l'abaissement, de vous soutenir dans les occasions chancelantes, de voir clair dans les affaires obscures, de vous conduire dans la bonne fortune, et de vous rétablir dans la mauvaise.

Il ne faut donc pas s'étonner que Socrate, cet homme admirable, à qui Apollon même donna le nom de sage, ait connu son génie, et qu'à force de le cultiver il s'en soit fait non seulement un gardien fidèle, mais pour ainsi dire un compagnon et un ami familier, qui a détourné de lui tout ce qu'il en fallait éloigner, lui a fait deviner tout ce qu'il devait prévoir, et l'a averti de tout ce qu'il devait connaître ; en telle sorte que dans les choses où la sagesse humaine est en défaut, l'inspiration lui tenait lieu de prudence, et décidait en un moment ce que les plus mûres délibérations n'auraient pu décider. Car il y a bien des occasions où les plus sages sont souvent obligés d'avoir recours aux devins et aux oracles.

Homère ne nous a-t-il pas fait voir, comme dans un grand miroir, les fonctions de la prudence et de la divination, distinctement séparées ? Quand la division s'est mise entre Agamemnon et Achille, tous deux les premiers des Grecs, l'un par sa puissance et l'autre par sa valeur, et qu'il est question de trouver un homme recommandable par son expérience et par la force de ses discours, qui puisse fléchir l'orgueil du fils d'Atrée, appaiser la férocité du fils de Pélée, et les retenir l'un et l'autre par son autorité, par son exemple et par son éloquence, quel est celui sur qui on jette les yeux ? On choisit le sage Nestor, vieillard vénérable qui par un long usage des choses de la vie, a acquis le talent de persuader, et qui dans un corps affaibli par les années, renfermait une prudence mâle et vigoureuse, soutenue de tous les charmes et de tous les avantages de la parole. De même lorsque les affaires du parti deviennent douteuses et chancelantes, et qu'il s'agit d'envoyer, à la faveur de la nuit, deux hommes capables de pénétrer dans le camp des ennemis, et d'en examiner le fort ou le faible, ne choisit-on pas Ulysse et Diomède, afin d'appuyer la force par le conseil, le bras par l'industrie la valeur par la bonne conduite ? Mais, d'un autre côté, quand les Grecs, découragés par les vents contraires qui assiègent leur flotte dans le port d'Aulide, sont sur le point de se séparer, et qu'ils se trouvent réduits à chercher dans les entrailles des animaux la cause de toutes les difficultés qui s'opposent à leur navigation, et d'expliquer le signe redoutable de ces oiseaux dévorés par un dragon avec leur mère, alors ces deux grandes lumières de la Grèce, Nestor et Ulysse se taisent ; et le divin Calchas, interprète des dieux, examinant les victimes, l'autel et le nid de ces oiseaux dévorés, donne aux Grecs le moyen de poursuivre leur route, et leur prédit que la guerre doit durer dix ans.

La même chose se pratique chez les Troyens. Quand ils sont obligés d'avoir recours à la divination, ce sénat si sage dans ses délibérations, garde le silence, Hicétaon, Lampus, Clitius se taisent, et attendent comme tous les autres les augures odieux d'Hélénus, ou les prédictions de Cassandre qui avaient le malheur de n'être jamais crues. De la même manière Socrate, quand le secours de la prudence ordinaire lui manquait, se laissait conduire à la vertu divinatrice de son génie, lui obéissait promptement et avec exactitude ; ce qui lui attirait d'autant plus la bienveillance de ce démon favorable. Et de ce que ce démon ou génie arrêtait ordinairement Socrate dans quelques-unes de ses entreprises, et ne le poussait jamais à aucune, il est fort facile d'en rendre la raison : c'est que Socrate, le plus parfait des hommes, et le plus attentif à tous ses devoirs, n'avait jamais besoin d'être excité, mais souvent d'être détourné de ses entreprises, lorsqu'elles l'exposaient à quelque péril imprévu, afin qu'il se tînt sur ses gardes, et qu'il les abandonnât pour les reprendre une autre fois plus sûrement, ou pour les conduire d'une autre manière.

Dans ces rencontres, il disait, qu'une certaine voix divine se faisait entendre à lui ; ce que Platon rapporte expressément, afin qu'on ne s'imagine pas que sa prévoyance ne fût que l'effet de l'observation qu'il aurait faite des paroles des hommes qui auraient frappé par hasard ses oreilles ; car s'étant un jour trouvé avec Phèdre dans un lieu hors de la ville, et sans témoins, dans le temps qu'il était à l'ombre sous un arbre épais, il entendit une voix qui l'avertit de ne point traverser les eaux du fleuve Illissus, avant qu'il eût apaisé la colère de l'Amour, en se rétractant de ce qu'il avait avancé contre lui. Et d'ailleurs s'il eût écouté les conseils des hommes et les présages ordinaires, il aurait été souvent déterminé à agir comme il arrive à ceux qui par excès de timidité, consultant moins leur propre pensée que les conseils des devins, vont de rue en rue, écoutant les uns et les autres, et pensent, pour ainsi dire, plutôt des oreilles que de l'esprit. Mais de quelque façon qu'on l'entende, il est certain que ceux qui consultent ces devins, quelque constance qu'ils aient en ce qu'ils écoutent, n'entendent pourtant que la voix d'un homme, au lieu que Socrate ne dit pas simplement qu'il entendait une voix, mais que c'était une certaine voix divine; ce qui dénote qu'il ne s'agissait point d'une voix ordinaire, puisque, si cela était, il ne dirait pas une certaine voix, mais seulement une voix, ou la voix de quelqu'un en particulier, comme quand la courtisane de Térence dit : «J'ai cru entendre présentement la voix de ce capitaine[53].» Car celui qui dit : «J'ai ouï une certaine voix,» marque, ou qu'il ne sait d'où cette voix est partie, ou qu'il doute en quelque sorte de ce qu'il a ouï, ou qu'enfin il y a eu en cela quelque chose de mystérieux et d'extraordinaire, comme dans celle qui se faisait entendre à Socrate, et qui parvenait à lui, disait-il, d'une manière divine dans la nécessité de ses affaires. Et certainement je croirais que ce n'était pas simplement par la voix, mais encore par des signes visibles que son génie se manifestait à lui; car souvent ce n'est pas une voix qu'il dit avoir ouïe, c'est un signe divin qui s'est offert à lui. Or ce signe peut n'être autre chose que l'image même du génie, qui n'était visible que pour Socrate, comme la Minerve d'Homère pour Achille.

Je ne doute point que plusieurs de ceux qui m'écoutent n'aient quelque peine à me croire sur ma parole, et que la figure de ce démon qui se faisait souvent voir à Socrate, ne leur paraisse quelque chose de trop merveilleux. Mais Aristote qui, ce me semble, est d'une autorité suffisante, leur répondra pour moi, que les pythagoriciens étaient étonnés toutes les fois qu'ils entendaient quelqu'un assurer, qu'il n'avait jamais vu de génie. Or si cette faculté peut être accordée à quelques-uns, pourquoi Socrate ne l'aurait-il pas eue plutôt qu'un autre, lui qui, par la grandeur de sa sagesse, égalait en quelque sorte les dieux? Car rien n'approche tant de la divinité qu'un mortel parfaitement bon, parfaitement sage, et qui par sa vertu, surpassait autant les autres hommes, qu'il est lui-même surpassé par les dieux immortels.

Pourquoi donc l'exemple et le souvenir de Socrate ne nous encourage-t-il pas étudier une semblable philosophie, et à chercher la connaissance de semblables dieux? Je ne vois pas ce qui pourrait nous en détourner, et je suis étonné que tout le monde souhaitant de vivre heureux, et sachant que ce n'est qu'en cultivant son esprit qu'on peut parvenir la félicité, il se trouve néanmoins si peu de personnes qui s'attachent à le cultiver. Celui qui veut voir plus clair qu'un autre a soin de ses yeux, qui sont l'organe de sa vue; pour se rendre léger à la course, il faut habituer ses pieds à courir; pour devenir bon lutteur, il faut fortifier ses bras par l'usage de la lutte, et ainsi des autres parties du corps, selon le genre d'exercice auquel on veut s'adonner. Ces principes étant plus clairs que le jour, je ne saurais assez admirer le peu de soin qu'on prend de nourrir son âme par la raison; car enfin

---

[53] Dans *l'Eunuque*.

l'art de bien vivre est également nécessaire à tous, à la différence des autres arts, comme vous diriez la peinture ou la musique, qu'un honnête homme peut négliger sans honte et sans déshonneur. Je ne joue pas si bien de la flûte qu'Isménias, mais ce n'est pas une honte pour moi de n'être pas flûteur ; je ne suis pas peintre comme Appelles, ni sculpteur comme Lysippe ; à la bonne heure, je ne suis pas obligé de faire des statues ni des tableaux. Vous pourrez sans rougir dire la même chose de tous les arts du monde. Mais voyons, diriez-vous de même ? Moi ! je ne sais pas vivre en homme de bien comme Socrate, comme Platon, comme Pythagore ; mais je ne suis pas obligé de bien vivre. Je suis sûr que vous n'oseriez faire un aveu de cette nature.

Mais il y a une chose plus admirable encore, c'est qu'en négligeant la philosophie, on ne veut pourtant point passer pour grossier, et que la plupart des hommes se montrent aussi sensibles à la honte d'ignorer, qu'à la peine d'apprendre ; et pour preuve de cela, examinez les registres de leurs frais journaliers, vous y trouverez des dépenses outrées en superfluités, aucune dépense appliquée à eux directement, c'est-à-dire, à cultiver leur esprit, leur génie, leur âme, qui est proprement le sanctuaire de la philosophie. Ils font bâtir des maisons de campagne magnifiques, meubles superbes, grand nombre de domestiques, mais parmi toutes ces grandeurs, au milieu de cette opulence, vous ne trouvez de misérable que le maître qui s'y mire, qui s'y promène, et qui les cultive avec tant de soin, tandis qu'il est lui-même inculte, sot et ignorant.

Ainsi vous trouverez ces édifices qui ont consumé le patrimoine de la plupart des hommes brillants, nobles, richement ornés, des châteaux qui le disputeraient à des villes, des maisons parées comme des temples, nombre d'esclaves vêtus comme des maîtres, meubles précieux, toutes choses dans l'abondance ; excepté celui qui les possède, qui comme Tantale au milieu de ses richesses, pauvre, misérable et indigent, court après une eau trompeuse et fugitive, toujours affamé de la sagesse et de la félicité, sans laquelle il n'y a point de véritable vie : et il ne voit pas qu'on regarde un homme comme un cheval qu'on marchande. Quand nous voulons acheter un cheval, nous ne regardons pas à son harnois, ni à son poitrail, ni aux ornements dont sa têtière est embellie, on ne va pas examiner si les bossettes sont relevées d'or, d'argent, et de pierreries, si sa tête et son encolure sont enrichies d'ouvrages bien travaillés, si sa selle est d'une étoffe teinte en pourpre, les sangles dorées et son mors bien ciselé. On met à part toutes ces dépouilles étrangères, on l'examine tout nu, son corps, sa vivacité ; on veut que sa taille soit noble, qu'il ait de la vigueur pour courir, de la force pour porter son homme, et comme dit Virgile : «la tête fine, le ventre étroit, la croupe large, et le poitrail traversé de muscles, qui rendent témoignage de sa force[54] ». On veut, outre cela, que les reins et l'épine du dos soient doubles ; car il ne suffit pas que le cheval soit léger, il faut que le cavalier soit à son aise.

Ainsi, quand vous examinez un homme, ce ne sont point les choses étrangères qu'il faut considérer ; c'est l'homme même dénué de tout, comme notre Socrate ; car j'appelle étranger ce que nous tenons de nos pères ou de la fortune, et nulle de ces choses n'entre dans les louanges que je donne à Socrate. Il n'y entre ni rang ni noblesse, ni suite d'aïeux illustres, ni amas de richesses que l'on puisse envier ; car tout cela, comme j'ai déjà dit, lui est étranger. Lorsque vous dites : « fils de Prothanius, » c'est Prothanius que vous louez, en faisant voir que son nom ne fait point de déshonneur à ses descendants. Vous pourrez de même parcourir tous les autres avantages. Cet homme est d'un sang illustre, direz-vous : vous faites l'éloge de ses aïeux. Il est puissamment riche, ne vous fiez pas à la fortune ; il est fort et vigoureux, une maladie peut l'affaiblir ; il est léger à la course, la vieillesse l'appesantira ; il est tout à fait bel homme, donnez-vous patience, il cessera de l'être. Mais, dites-vous, il est parfaitement instruit dans toutes sortes de disciplines, et il a toute la sagesse et toute la conduite qu'un homme peut avoir. Ho, voilà qui est bien, vous faites son éloge présentement ; car ces qualités ne lui viennent point par voie de succession, elles ne dépendent point du hasard, elles ne lui sont point données à terme, elles ne périront point avec sa santé et ne changeront point avec l'âge. Ce sont là les dons que Socrate a possédés, et qui lui ont fait mépriser les autres.

Que ne vous donnez-vous donc tout entier et sans différer à l'étude de la sagesse, si vous voulez que vos louanges vous soient propres, et que celui qui voudra les célébrer, puisse vous louer de la même manière qu'Accius loue Ulysse au commencement de sa tragédie de Philoctète :

> Héros plus renommé que ton propre pays,
> Fameux par ton grand cœur, fameux par ta sagesse,
> Redoutable fléau du parti de Pâris,
> Et sévère vengeur des affronts de la Grèce.
> Sage fils de Laërte, etc.

Vous voyez qu'il nomme son père le dernier, et que toutes les louanges qu'il lui donne sont à lui. Laërte, Anticlée, Acrise n'y ont aucune part ; et cet éloge, à proprement parler, appartient en propre à Ulysse. Homère n'a pas prétendu

---

[54] Liv. 3 des *Géorgiques*.

nous faire remarquer autre chose dans ce héros, lorsqu'il lui a donné pour compagne inséparable la prudence, figurée à la manière des poètes, sous le nom de Minerve. C'est avec cette heureuse compagne qu'il a affronté toutes sortes de dangers, et qu'il a surmonté toutes sortes d'adversités. Sous cette protection, il est entré dans l'antre du Cyclope et il en est sorti ; il a vu les bœufs du soleil, et ne les a point profanés ; il est descendu aux enfers et en est revenu. Sous la conduite de cette même sagesse, il a passé par-devant Scilla et lui a échappé, il a fait le tour de Caribde sans y être englouti, il a mis le pied chez les Lotophages sans y rester, et a écouté les Sirènes sans en approcher.

Table des matières

PLUTARQUE
LE DÉMON DE SOCRATE

APULÉE
LE DÉMON DE SOCRATE